Ulla Göransson   Annika Helander   Mai Parada

På svenska! 2

Svenska som främmande språk

ÖVNINGSBOK

Folkuniversitetets förlag

Folkuniversitetets förlag
Magle Lilla Kyrkogata 4
SE-223 51 Lund Sweden
Tel. +46 46 14 87 20 Fax +46 46 13 29 04

Granskare: Paul Leonard

Omslag: Per Silfverhjelm

Första upplagan
© 2002 Ulla Göransson, Annika Helander, Mai Parada och Folkuniversitetets
förlag
ISBN 978-91-7434-461-5

Kopieringsförbud

Detta verk är skyddat av lagen om upphovsrätt. Vid tillämpning av skolkopieringsavtalet (även kallat BONUS-avtalet) är detta verk att se som ett *engångsmaterial*. Engångsmaterial får enligt avtalet över huvud taget inte kopieras för undervisningsändamål.

Kopiering för undervisningsändamål av denna bok är således helt förbjuden.

Utan tillåtelse av förlaget kommer kopiering utöver avtalet att innebära ett otillåtet mångfaldigande. Ett sådant intrång medför straffansvar och kommer att ge upphov till skadeståndsskyldighet enligt 53 och 54 §§ lag (1960:729) om upphovsrätt till litterära och konstnärliga verk.

Tryckt hos Kristianstads Boktryckeri AB, Kristianstad 2010

Innehåll

Rumsadverb/frågeord § 1 (§ hänvisar till motsvarande paragraf i grammatiköversikten i slutet av övningsboken)

Välj rätt ord!

> hem/hemma

1. Vi var _hemma_ hos mormor i lördags.

2. Det blev sent innan vi åkte _hem_.

3. Kom _hemma_ till mig och ta en öl i morgon!

> bort/borta

4. Vi var _borta_ på middag i går kväll.

5. Svenskarna älskar att resa långt _bort_ på semester.

6. Pelle skriver alltid vykort när han stannar _borta_ länge.

> in/inne

7. "Vi är inte _inne_ just nu, lämna ett meddelande efter tonen!"

8. Kom _inne_ nu, ditt favoritprogram ska just börja!

9. I dag stannar jag _inne_ eftersom det ösregnar!

> ut/ute

10. Jag var bara _ute_ och köpte mjölk när du ringde.

11. Annars går jag inte gärna _ute_ ensam på kvällen.

12. Vi satt ofta _ute_ på balkongen och åt i somras.

Kopiering av detta material är förbjuden enligt lag och gällande avtal!

> fram/framme

13. Vi har flugit länge, det ska bli skönt att komma __fram__ !

14. Vi tar en taxi till hotellet när vi är __framme__ i Stockholm.

15. Om du inte förstår kan du väl gå __fram__ och fråga läraren.

> vart/var

16. Jag undrade __vart__ jag hade lagt hörlurarna [head phones] till min cd-spelare.

17. __Vart__ ska ni åka på er semester i år?

18. Jag vet faktiskt inte __vart__ vi ska resa.

> upp/uppe

19. Vi satt __uppe__ hela natten och installerade mitt nya modem.

20. Jag gick __upp__ till sovrummet och la mig och vilade en stund.

21. Är du redan __uppe__? Har du lagat frukost också?

> ner/nere

22. Jag tar faktiskt hissen __ner__ , men jag går alltid uppför trapporna.

23. Arbetsrummet ligger __nere__ i källaren.

24. Min faster från Abisko kommer __ner__ till Lund och hälsar på i helgen.

Ordföljd i huvudsats § 2 a, 3, 4

Skriv meningar! Börja med orden till vänster om konjunktionen.

Exempel: ville en Jag kopp dricka kaffe **men** slut det var

Jag ville dricka en kopp kaffe men det var slut.

1. har Jag varken tid **eller** språk lust fler att mig lära

   neither

   Jag har varken tid eller lust att lära mig fleur språk

2. han Både **och** hans fru från Holland kommer

   Både han och hans fru kommer från Holland

3. borde Du antingen skriva **eller** hem ringa

   either

   Du borde antingen skriva eller ringa hem

4. cyklat Jag inte har **utan** idag buss åkt

   Jag har inte cyklat utan åkt buss idag

5. komma kunde Han inte **för** var inte han frisk

   Han kunde inte komma för han var inte frisk

6. igår Jag hem kom sent **så** pigg är inte jag särskilt

   especially

   Jag kom hem sent igår så jag är inte särskilt pigg.

7. gärna Jag dig hjälpa vill **men** har jag inte faktiskt tid

   actually

   Jag villl gärna hjälpa dig men jag har faktiskt inte tid

Kopiering av detta material är förbjuden enligt lag och gällande avtal!

8. började Vi om prata språk **och** en hade diskussion intressant

Vi började prata om språk och hade
en intressant diskussion.

9. kan inte Man både kakan äta **och** den kvar ha

<small>both cake</small> <small>left</small>

Man kan inte både äta kakan och ha
den kvar

10. vill Han diska inte **för** har ingen han diskmaskin

Han vill inte diska för han har ingen
diskmaskin

11. kommer Jag från inte Polen **utan** Ryssland från

Jag kommer inte från Polen utan
från Ryssland

12. vill De varken vin dricka **eller** till vatten maten

<small>neither</small> <small>water</small>

De vill varken dricka vin eller vatten
till maten.

13. bjuder Han antingen middag på **eller** kaffe på

<small>either</small>

Han bjuder antingen på middag eller
på kaffe.

14. ville Vi bada **men** var öppen inte simhallen **så** gick hem vi igen

<small>simhallen</small>

Vi ville bada men var inte öppen
så vi gick hem igen.

15. tänker Jag gå inte ut **och** i kväll dansa **för** har jag pengar kvar inga

<small>left</small>

Jag tänker inte gå ut och dansa i kväll
för jag har inga pengar kvar

Adjektiv § 9 (schema s. 99)

Skriv rätt form av adjektivet!

1. stor   De bor i ett _stort_ hus vid havet.

2. snabb   Har du åkt i hennes nya, _snabba_ bil?

3. gammal   Nej, jag gillar _gamla_, långsamma bilar bättre.

4. svår   Usch, vad det är _svårt_ att skriva adjektiv i rätt form!

5. enkel   Tycker du? Jag tycker att exemplen är _enkla_.

6. vuxen   Båda hans barn verkar så _vuxna_.

7. god   Ska vi köpa något _gott_ till kaffet?

8. ny   De har köpt ett _nytt_ soffbord till vardagsrummet.

9. bra   Det var faktiskt ett riktigt _bra_ program.

10. liten   Har du hört sagan om den _lilla_ gumman?

11. intressant   Det är en mycket _intressant_ person.

12. mogen   Jag ville köpa tomater, men de var inte _mogna_.

13. rolig   Det var _roligt_ att du klarade tentan.

14. röd   Hon köpte ett _rött_ läppstift.

15. liten   Jag jobbade inte när mina barn var _små_.

16. hård   Vårt nya golv är så _hårt_.

17. kort   Daniel skrev ett _kort_ e-brev om bröllopet till Åsa.

18. vacker   Han skrev många _vackra_ ord i brevet.

19. blå   Havet är alldeles _blått_ i dag.

20. liten   Daniel har ett _litet_ badrum.

8
Kopiering av detta material är förbjuden enligt lag och gällande avtal!

Ordföljd i bisats § 2 a, 2 b, 3, 5

Gör om huvudsatsen till bisats!

Exempel: Har Erik också åkt buss till kursen?

Jag undrar bara *om Erik också har åkt buss till kursen.*

1. Har han verkligen köpt en ny bil?

   Jag undrar bara om han verkligen har köpt en ny bil

2. Lena vill inte gå på bio.

   Det är konstigt att Lena inte vill gå på bio

3. Varför kan hon inte komma i morgon?

   Jag vill veta varför hon inte kan komma i morgon

4. Det blir nog varmt i sommar.

   Jag tror att det nog blir varmt i sommar

5. Britta vill gärna ha en ostmacka till kaffet.

   Jag är säker på Britta vill en ostmacka till kaffet

6. Brukar Nils alltid cykla till jobbet?

   Jag vet inte om Nils alltid brukar cykla till jobbet

7. Var ligger den blåa boken egentligen?

   Jag har ingen aning om var den blåa boken egentligen ligger

8. Den är förmodligen på skrivbordet.

   Jag tror att den förmodligen är på skrivbordet

9. Den här filmen är verkligen bra!

   Jag tycker att den här filmen verkligen är bra.

Kopiering av detta material är förbjuden enligt lag och gällande avtal!

of course, surely retrieving/tc get

10. Johan och Sara har visst skaffat hund.

    Jag har hört _att Johan och Sarah visst har skaffat hund_ . *head*

11. Stina behöver kanske lite hjälp.

    Jag kan tänka mig _att Stina kanske behöver lite hjälp_

12. Tor blir ofta arg.

    Jag tycker inte om _att Tor ofta blir arg_

13. Anna vill fortfarande följa med på bio. *still follow*

    Jag hoppas _att Anna fortfarande vill följa med på_
    bio

14. Bussen kommer äntligen! *finally*

    Vad bra _att bussen äntligen kommer_

15. Går det här tåget också till Malmö? *train*

    Jag undrar _om det här tåget också går till Malmö_ *wonder*

Verb

Skriv verbet i rätt form!

tänka   1. Jag satt och _tänkte_ på vad jag skulle säga.

         2. Har du _tänkt_ på en sak?

säga   3. Vad var det du _sa_ ?

         4. Jag har väl aldrig _sagt_ att jag talar isländska! *well*

Kopiering av detta material är förbjuden enligt lag och gällande avtal!

prata   5. Jag förstår inte vad du ___pratar___ om!

         6. Du måste ___prata___ med honom!

förstå   7. Kan du ___förstå___ norska?

         8. Hon ___förstod___ inte mycket av föreläsningen i går.

ha   9. Jag har aldrig ___haft___ några problem med min dator.

      10. Hon ___hade___ precis kommit hem när telefonen ringde.

översätta 11. De ___översatte___ hela artikeln till svenska, innan de svarade på

           frågorna.

      12. Vet du vem som har ___översatt___ den här boken?

tillhöra 13. Det här huset har ___tillhört___ min mormor.

      14. Menar du att lexikonet inte ___tillhöra___ dig?

använda 15. Lisa ___använde___ sin ordbok när hon skrev uppsatsen.

      16. Varför har du ___använt___ min röda penna nu igen?

ingå   17. De sa att det ___ingick___ både sallad och dryck till maten.

      18. Ja, men efterrätt har väl aldrig ___ingått___?

våga   19. Daniel har aldrig ___vågat___ prata inför många människor.

      20. Åsa ___vågar___ inte gå ensam i parken på nätterna.

Kopiering av detta material är förbjuden enligt lag och gällande avtal!   11

Lite av varje 1

A. *Vad är motsatsen? Hitta motsatsen i texten!*

1. långsamt — snabbt/fort
6. minst — störst

2. gammal — ung, ny
7. mycket — lite

3. vänster — höger
8. lika — olika

4. roligt — tråkigt, ledsamt
9. lätt — svårt, tungt

5. fråga — svara
10. hata — älska

B. *Skriv meningar med orden!*

1. mer eller mindre — Jag tycker om football mer eller mindre.

2. viktig *important* — Min familj är viktig för mig.

3. hälften — Jag åt hälften en pizza.

4. dålig — Hunden var dålig

5. verkligen — Jag verkligen njuta tittar films

C. *Försök att hitta ord som passar till följande förklaringar!*

1. tv-program som kommer tillbaka t.ex. en gång i veckan — tv serie

2. i dag, nu, inte förr i tiden — nuförtiden

3. människor som bor i ett land — befolkning, medborgare (citizens)

4. någon som har anställda, den man arbetar för *employer* — arbetsgivare

5. några, en del *any* — vissa

D. *Skriv rätt preposition!*

1. Jag repeterar *repeat* flera gånger — om — dagen.

2. Jag skriver det svenska ordet — till — vänster och det tyska — till — höger.

3. Jag berättar texten — för — en kompis.

4. Jag lyssnar mycket — på — radio.

5. Jag måste förstå skillnaden *difference* — mellan — svenska och italienska verb.

Kopiering av detta material är förbjuden enligt lag och gällande avtal!

AVSNITT 2

Ingen – inte någon § 6 a, 7

Frukost hos Åsa och Daniel
Skriv vad de frågade eller vad de sa!
Tänk på att du ibland måste ändra pronomen och verbets form!

Exempel:
Daniel: Har vi ingen mjölk till kaffet?

Daniel undrade om de inte hade någon mjölk till kaffet.

Åsa: Köpte du inga frukostbullar i morse? *[no breakfast buns]*

1. Åsa undrade om hon inte köpte några frukostbullar i morse

Daniel: Jag hade inga pengar.

2. Daniel sa att han inte hade några pengar

Åsa: Jag har ingen lust att laga mat.

3. Åsa sa att hon inte hade någon lust att laga mat

Daniel: Jag äter ingen korv utan senap. *[sausage mustard]*

4. Daniel sa att han inte är någon korv utan senap

Åsa: Du är väl inget barn! *[nothing]*

5. Åsa sa att hon är inte väl något barn

Daniel: Jag förstår ingenting längre! *[long]*

6. Daniel sa att han inte förstod någonting längre

Åsa: Jag menade inget illa. *[means bad]*

7. Åsa sa att hon inte menade något illa

Daniel: Du har ju ingen tenta i morgon.

8. _Daniel sa att han ju inte hade någon tenta i morgon_
   and *no where*

Åsa: Var har du lagt tidningen? Jag hittar den ingenstans!

9. _Åsa undrade var han hade lagt tidningen._
   Åsa sa att han inte hittade den ingenstans (anywhere) *actually*

Daniel: Jag läste faktiskt ingenting i den i morse.

10. _Daniel sa att han faktiskt inte läste någonting i den i morse_

Verb

Skriv verbet i rätt form!

göra 1. Vad _gjorde_ ni i går kväll?

      2. _Gör_ som du vill!

skriva 3. I dag har vi inte _skrivit_ uppsats.

        4. _Skrev_ du upp dig på listan som hängde på väggen?

anse 5. Hon _anser_ att du hade fel.

      6. De har alltid _ansett_ att man inte ska gifta sig.

skilja 7. De gifte sig i januari och _skilde_ sig i mars.

skiljer
skilde
skilt

        8. Har du hört att Bosse och Pia har _skilt_ sig?

Kopiering av detta material är förbjuden enligt lag och gällande avtal!

visa
visar
visade
visat

9. Det har _vissat_ sig att folk inte hinner äta middag.

10. Det _vissade_ sig att allt var ett missförstånd.

rinna

11. Vi hade så roligt att tiden bara _rann_ iväg.

12. Kaffet har _runnit_ ut över hela tidningen.

stå
står
stod
stått

13. Det _stod_ i tidningen igår att män trodde att de ofta städade hemma.

14. Den där artikeln har aldrig _stått_ i min tidning.

bjuda
bjuder
bjöd
bjudit

15. De har _bjudit_ alla gamla vänner.

16. Sa du att de _bjöd_ alla sina släktingar också?

stryka
stryker
strök
strukit

17. Nu har vi _strukit_ de mest avlägsna vännerna på listan.

18. _Strök_ du under alla nya ord när du läste texten?

innebära
innebär
innebar
inneburit

19. Skilsmässan _innebär_ att Johan bodde en vecka hos mamma och en vecka hos pappa.

20. Att dela på ansvaret har _inneburit_ en stor förbättring.

översätta
översätter
översatte
översatt

tillhöra
tillhör
tillhörde
tillhört

ingå
ingår
ingick
ingått

to dare
våga
vågar
vågade
vågat

Vem – vem som § 6 b

Vem gör vad?

Åsa: Daniel, visst skulle det vara roligt att skaffa barn och bilda familj på riktigt! Ibland längtar jag riktigt efter en mjuk baby med runda ben, speciellt när jag ser någon med barnvagn på stan.

Daniel: Vem ska dra barnvagnen? Och vem ska stanna hemma från jobbet? Det finns minsann en hel del att prata igenom innan man får barn.

Åsa: Vi skriver en lista så att det blir rättvist! Det är viktigt att dela upp det som är jobbigt eller bara mindre kul.

A. Vad diskuterar Åsa och Daniel?

Exempel:
Vem ska stiga upp när barnet gråter?

De diskuterar vem som ska stiga upp när barnet gråter.

Vem ska stanna hemma?

1. De diskuterar vem *som* ska stanna hemma

Vem får sova längst om morgnarna?

2. De diskuterar vem *som* får sova längst på morgnarna.

Vem ska gå till parken på söndagarna?

3. De diskuterar vem *som* ska gå till parken på söndagarna.

Vilka djur ska de titta på där?

4. De diskuterar vilka djur de ska titta på där

Vems intressen kommer först?

5. De diskuterar vems intressen *den som* kommer först

Vilka dagar slipper man laga mat?

6. De diskuterar vilka dagar man slipper laga mat

Kopiering av detta material är förbjuden enligt lag och gällande avtal!

Vem ska handla?

7. De diskuterar vem ~~ska~~ *som* handla.

Vilken mat gillar barn?

8. De diskuterar vilken mat barn gillar

Vilka böcker om barnuppfostran bör man läsa?

9. De diskutrar vilka böcker om barnuppfostran *man bör läsa*

Vilka regler för uppfostran är bäst?

10. De diskuterar vilka regler för uppfostran är bäst. *som*

Vem ska fatta beslut? *take decision*

11. De diskuterar vem ~~ska~~ *som* fatta beslut

Vilka tider ska man passa? *fit*

12. De diskuterar vilka tider man ska passa.

Vem städar och tvättar?

13. De diskuterar vem städar *som* och tvättar

Vilka dagar är man ledig?

14. De diskuterar vilka dagar man är ledig.

Vad är viktigast att tänka på?

15. De diskuterar vad är *som* viktigast att tänka på.

Vem ringer man till när man behöver hjälp?

16. De diskuterar vem man ringer till när man behöver hjälp.

B. Fattas det något på Åsas och Daniels lista?

Verb

Fyll i verbens former!

Infinitiv	Presens	Preteritum	Supinum
1. lära	lär	lärde	lärt
2. ha	har	hade	haft
3. använda	använder	använde	använt
4. skriva (i-e-i)	skriver	skrev	skrivit
5. sjunga (u-ö-u)	sjunger	sjöng	sjungit
6. tycka	tycker	tyckte	tyckt
7. göra	gör	gjorde	gjort
8. bli (i-e-i)	blir	blev	blivit
9. rinna (i-a-u)	rinner	rann	runnit
10. vara	är	var	varit
11. gå	går	gick	gått
12. ta	tar	tog	tagit
13. tro	tror	trodde	trott
14. behöva	behöver	behövde	behövt
15. anse	anser	ansåg	ansett

Kopiering av detta material är förbjuden enligt lag och gällande avtal!

Sammansatta ord

Vad blir det för ord?
Bilda nio sammansatta ord genom att kombinera ord i den vänstra spalten
med ord i den högra. Se exempel.

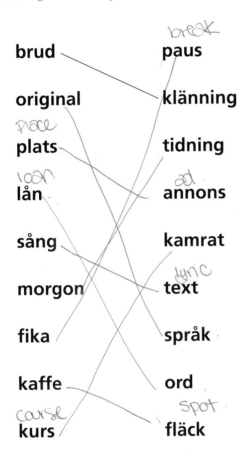

brud — *break* — *paus*

original — *klänning*

plats — *place* — *tidning*

lån — *loan* — *annons* — *ad*

sång — *kamrat*

morgon — *text* — *lyric*

fika — *språk*

kaffe — *ord*

kurs — *course* — *fläck* — *spot*

form own composition above
Försök bilda egna sammansättningar med orden ovan!

Lite av varje 2

A. Sätt in hjälpverbet i meningarna! Se exempel.

1. Jag har inga pengar med mig. (behöver)   *Jag behöver inte ha några pengar med mig.*

2. Lisa hittar inget frimärke till brevet. (kan)   Lisa kan inte hittar något frimärke brevet

3. De ser inga nyheter på tv. (hinner)   De hinner inte se några nyheter på tv.

4. Åsa köper ingen mjölk i dag. (ska)   Åsa ska inte köpa någon mjölk i dag.

5. Daniel packar ingenting nu. (vill)   Danielle vill inte packa någrting nu

B. Kombinera huvudsats och bisats!

D 1. Jag tar hand om barnen   A. att du alltid har ett bra svar.

A 2. Jag beundrar verkligen *(admire)*   B. eftersom vi har gemensam vårdnad. *(joint custody)*

E 3. Jag blir ofta stressad   C. när det blir vår. *(spring)*

C 4. Vi ska gifta oss   D. så att du kan få arbetsro.

B 5. Han bor hos mig varannan helg *(every weekend)*   E. fastän jag inte har så mycket att göra. *(although)*

C. Avsluta meningarna!

1. Det är bättre att ta det lugnt än *(take it easy)* att blir stressad

2. Jag är inte alls rädd för att *(afraid to)* går hemtack

3. Jag kan bjuda vem jag vill

4. Vi har bra kontakt även om *(contact even)* vi är i skild land.

5. Vi sätter igång när dom ankommen

D. Vad är motsatsen? *(opposite)*   Skriv en synonym!

1. ovanför *(above)*   nedanför

2. hälften   dubbelt

3. enkelt *(easy)*   svårt

4. nära   avlägsen

5. gott om   ont om

6. noggrann *(careful)* = ordentlig

7. lugn, säker *(calm)* = trygg

8. ganska *(fairly)* = rätt

9. varierande *(varying)* = omväxlande

10. trevlig, skön = mysig

Kopiering av detta material är förbjuden enligt lag och gällande avtal!

Konjunktioner m.m. § 5

Skriv ett ord som passar!
Vissa ord kan du använda två gånger. Välj bland:

att *that*	därför att *because*	eftersom *because*	för att *in order to*	genom att *by*
innan *before*	medan *while*	när *when*	om *if*	trots att *although*
utan att *without*	än *than*	även om *even if*		

vacation expectations
Semesterförväntningar

Många gillar (1)___att___ åka utomlands på sin semester men (2)_eftersom_ vi

är en stor familj blir en charterresa för oss alla orimligt dyr.

Naturligtvis kan vi lasta in alla barnen i bilen, (3)_även om_ det skulle bli en lång och

tröttande resa söderut. Sol och värme är nämligen vad vi längtar efter (4)_när_

det blir sommar. (5)_Trots att_ den svenska sommaren är opålitlig, föredrar en del att

stanna hemma, kanske i sommarstugan (6)_om_ de har möjlighet.

Själv sitter jag helst i en solstol hela sommaren – (7)_när_ *this* det är soligt alltså.

Barnen vill helst spela fotboll och bada (8)_utan att_ behöva tänka på tider och

läggdags. Min man håller sig i form (9)_genom att_ *chopping wood* hugga ved, klippa gräset och

simma med barnen. (10)_Medan_ jag ligger i min solstol, vill jag inte tänka på

något svårare (11)_än_ vad vi ska ha till middag (12)_eftersom_ jag har

läst (13)_att_ *required least* man behöver minst fyra veckor (14)_för att_ *wind down* varva ner

riktigt (15)_innan_ man börjar ett nytt arbetsår. Min syster däremot vill helst vara

aktiv (16)_när_ hon har semester. Hon tänker åka till Rom i sommar

(17)_för att_ besöka Kristinas grav (18)_därför att_ hon är mer intresserad av

historia (19)_än_ av badliv.

Konjunktioner m.m. § 2 a, 2 b, 3, 5

Skriv meningar med orden!
Låt **konjunktionen** *stå kvar på samma plats!*

1. sa Hon **att** hade hon glömt någonting inte

   Han sa att hon inte hade glömt någonting

2. **Ju** det mer regnar **desto** blir du våtare

   Ju mer det regnar desto våtare blir du

3. ditt Ta paraply **så att** blir du våt inte

   Ta ditt paraply så att du inte blir våt

4. sprang Jonas fort **för att** missa matchen inte

   Jonas sprang fort för att inte missa matchen

5. lärde sig läsa faktiskt Han **när** var liten han mycket

   Han lärde sig faktiskt läsa när han var mycket liten

6. fick Hon mjölka oftast **medan** skötte han djuren alla

   Hon fick oftast mjölka medan han skötte alla djuren

7. såg Det ut smutsigt alltid **trots att** städade ofta de

   Det såg alltid smutsigt trots att de ofta städade

8. mycket De betalt fick inte **fastän** hårt jobbade de verkligen

   De fick inte mycket betalt fastän de verkligen jobbade hårt

9. ville Han absolut resa **även om** var svår resan och säkert lång

   Han ville absolut resa även om resan säkert var svår och lång

10. ville Hon veta bara **om** äntligen hade de fram kommit

    Hon ville bara veta om de äntligen hade kommit fram.

Kopiering av detta material är förbjuden enligt lag och gällande avtal!

Substantiv

Skriv alla former av substantivet!

	Singular		**Plural**	
	Obestämd form	Bestämd form	Obestämd form	Bestämd form
1.	en rubrik	rubriken	rubriker	rubrikerna
2.	ett beslut	beslutet	beslut	besluten
3.	ett initiativ	initiativet	initiativ	initiativen
4.	en slutsats	slutsatsen	slutsatser	slutsatserna
5.	ett liv	livet	liv	liven
6.	en lösning	lösningen	lösningar	lösningarna
7.	ett ställe	stället	ställen	ställena
8.	en sambo	sambon	sambor	samborna
9.	en helg	helgen	helger	helgerna
10.	en utbildning	utbildningen	utbildningar	utbildningarna
11.	ett samvete	samvetet	samveten	samvetena
12.	ett lov	lovet	lov	loven
13.	en present	presenten	presenter	presenterna
14.	en dotter	dottern	döttrar	döttrarna
15.	ett äktenskap	äktenskapet	äktenskap	äktenskapen

Konjunktioner m.m. § 5

Fyll i orden som fattas! Välj bland:

att ~~that~~	därför att	eftersom	för att ~~that (inte?)~~	förrän ~~before~~
genom att	innan ~~before~~	medan ~~while~~	när	om
så ... att	tills ~~until~~	utan att ~~unless~~		

1. Vi börjar inte äta __förrän__ du har kommit.

2. Vi väntar gärna ~~wait gladly~~ __tills__ du kommer.

3. Harald tvättar alltid händerna __innan__ han äter.

4. Sofia sätter in disken i diskmaskinen __när__ hon har dukat av. ~~lay/set~~

5. Nils cyklade över gatan ~~street~~ __utan att__ se sig för. ~~look out~~

6. Arvid sparade ihop till biljetten __genom att__ arbeta hårt. ~~save together ticket~~

7. Gustav satte sig närmare tavlan __för att__ se bättre.

8. Sjunger du också __medan__ du duschar?

9. Marianne håller sig i form __genom att__ cykla till jobbet. ~~keep form~~

— 10. Han drack __så__ mycket kaffe __att__ han fick ont i magen. ~~stomach~~

11. Jag har alltid undrat __om__ man inte får cykla utan hjälm. ~~wondered~~

12. Jag anser __att__ dubbade tv-program inte är så bra. ~~consider dub~~

13. __Eftersom__ det ofta är så kallt ute, tänker jag köpa en mössa.

14. Jag kommer inte att frysa om öronen mer, __därför att__ jag alltid ska ha mössan

    på mig.

15. Hon sa __att__ hon inte lärde sig engelska __förrän__ hon började

    skolan.

Kopiering av detta material är förbjuden enligt lag och gällande avtal!

Verb

Fyll i verbens former!

Infinitiv	Presens	Preteritum	Supinum
1. bränna	bränner	brönnade	bränt
2. resa	reser	reste	rest
3. finnas	finns	fanns	funnits
4. komma	kommer	kom	kommit
5. införa	inför	införde	infört
6. dö	dör	dog	dött
7. fylla	fyller	fyllde	fyllt
8. kunna	kan	kunde	kunnat
9. besöka	besöker	besökte	besökt
10. ge	ger	gav	gett
11. betyda	betyder	betydde	betytt
12. sköta	sköter	skötte	skött
13. drömma	drömmer	drömde	drömt
14. sitta	sitter	satt	suttit
15. vänja	vänjer	vande	vant

Kopiering av detta material är förbjuden enligt lag och gällande avtal!

Verb

Skriv verbet i rätt form!

beskriva

1. Tyckte du om boken där författaren _beskrev_ hur folk levde

   förr i tiden?

2. Han har _beskrivit_ den långa resan till Amerika.

lägga

3. Det är fint att du har _lagt_ ner så mycket arbete på din

   uppsats.

4. Han gick och _la_ sig tidigt i går kväll.

vänja

5. Jag har inte _vant_ mig vid alla nya engelska ord och uttryck. *expressions*

6. De _vande_ sig så småningom vid hur folk pratade i landet.

gifta

7. Visste du att de hade _gift_ sig?

8. Ja, de _gifte_ sig ju i somras.

avsluta

9. Jag läste att Vilhelm Moberg aldrig _avslutade_ sitt sista verk.

10. När jag har _avslutat_ mina studier tänker jag resa till Asien.

drömma

11. Många _drömde_ om ett bättre liv när de lämnade sitt land.

12. Jag glömmer ofta vad jag har _drömt_ .

få

13. _Fick_ du mitt meddelande i går kväll?

14. Hon har aldrig _fått_ så mycket hjälp i köket.

försörja   15. Båda föräldrarna jobbade hårt och _försörjde_ familjen.

16. Har du _försörjt_ dig själv under studietiden?

höra   17. Han _hörde_ inte av sig förrän det hade gått flera månader.

18. Har du _hört_ talas om drottning Kristina?

svälta   19. Många var hungriga och _svalt_ när deras skördar blev dåliga.

20. Om de inte hade rest till Amerika, hade de förmodligen _svultit_.

ihjäl.

Skriv rätt preposition!

1. Det är kallt *i* stora *delar* _____ landet nu.

2. Man *tänker* inte _____ att cykel är ett lånord.

3. De var *hemma* _____ mig i torsdags.

4. I Sverige dricker man ofta mjölk _____ *maten*.

5. Hon *klagar* hela tiden _____ att grannarna spelar så högt.

6. Daniel undrar vem som *tar hand* _____ disken.

7. Jag vill ha ris _____ *stället* _____ potatis.

8. Carolina *är* jämt *irriterad* _____ småsaker.

9. Jag har nästan inga pengar men jag tänker köpa en bil _____ *alla fall*.

10. Vem *ansvarar* _____ städningen hemma hos er?

Skriv rätt partikel!

1. Kristendomen *förde* _____ *sig* många nya ord.

2. Tyskarna *hjälpte* _____ med att bygga upp Sverige.

3. Vi kan inte *sätta* _____ förrän alla har kommit.

4. *Ta* _____ smörgåsen som du tappade på golvet!

5. Hon *talar* aldrig _____ en hemlighet.

6. Hon *bjöd* _____ grannarna på kaffe.

7. *Känner* du _____ någon bra frisör?

8. Jag försöker *spara* _____ till en jordenrunt-resa.

9. Moberg *växte* _____ i Småland.

10. Eftersom vi bara har en stol måste vi *turas* _____ att sitta.

 Kopiering av detta material är förbjuden enligt lag och gällande avtal!

Lite av varje 3

A. Skriv meningar med följande ord!

1. Visserligen _____ men _____

2. _____ för att _____

3. _____ genom att _____

4. _____ innan _____

5. _____ medan _____

B. Vad är motsatsen?

1. bred _____   4. i slutet av _____

2. rik _____   5. mätt _____

3. yngst _____

C. Försök att hitta ord i texten som passar till följande förklaringar!

1. sak _____

2. en sorts båt _____

3. en person eller en byggnad som många känner till är _____

4. om man reser till ett annat land reser man _____

5. person som skriver t.ex. böcker _____

D. Skriv rätt preposition!

1. Vilhelm Moberg var en lugn man _____ dottern.

2. Nu kan jag klara mig _____ egen hand.

3. Moberg är kanske mest känd _____ sina böcker om svenska emigranter.

4. _____ 1000-talet kom vikingar till dagens Amerika.

5. Statarna var helt beroende _____ sin arbetsgivare.

Adjektiv och substantiv § 9

Sätt in orden i rätt form!

Tidigt en morgon i mitten av augusti gör Harald sig i ordning för den allra
första skoldagen.

Sofia: Du kan inte ha samma __*gamla gymnastikskor*__ i dag. Ta dina
gammal, gymnastiksko

(1) _____ i stället!
　　　　ny, blå, sandal

Harald: Jag vill inte ha de (2) _____! Men jag måste ha
dum, sko

mitt (3) _____ för jag är en riddare.
　　　　　　lång, svärd

Sofia: Nähä du! Men du ska få ett (4) _____ att äta på rasten.
god, röd, äpple

Harald: Jag vill absolut inte ha någon (5) _____! Jag kan
hård, frukt

väl ta några (6) _____ i stället.
god, mogen, banan

Sofia: Var har du dina (7) _____ och
ny, svart, penna

ditt (8) _____?
　　　　liten, vit, suddgummi

Harald: De ligger redan i min (9) _____. Behöver jag ta min
rutig, ryggsäck

(10) _____, mamma?
　　　tjock, jacka

Kopiering av detta material är förbjuden enligt lag och gällande avtal!

Sofia: Nej, det räcker med din (11) _____. Det är fortfarande
tunn, blå, tröja

samma (12) _____ ute. Å nej! Jag har ju punktering
fin, sommarväder

på den (13) _____! Som tur är kan jag låna en
stor, ny, cykel

av Daniels (14) _____.
gammal, cykel

Harald: Ska vi ha sällskap med grannens (15) _____ och
liten, flicka

hennes (16) _____? Jag hoppas de tar med sig
ny, pappa

sin (17) _____!
stor, svart, hund

Sofia: Inga hundar i skolan! Var är din (18) _____ egentligen?
röd, tandborste

Nu måste vi gå, kom nu!

Harald: Jag kommer snart, när jag har ställt in alla de (19) _____
liten, bil

i garaget.

Sofia: Nu är vi klara. Jag ska bara ta ett foto av min (20) _____
stor, duktig, skolpojke

innan vi går. Det är en mycket (21) _____ i dag!
viktig, dag

Verb

Skriv verbet i rätt form!

slåss   1. De goda riddarna _____ mot de onda när barnen lekte.

           2. _____ inte mer nu! sa fröken.

vinna   3. Men vi har redan _____! sa Harald.

           4. Sverige _____ inte fotbollsmatchen i söndags.

be   5. Anders _____ om hjälp med engelskläxan i morse.

           6. Jag undrar vem som har _____ dig gå och köpa mjölk.

krypa   7. Lena _____ upp i fåtöljen och började läsa sin tidning.

           8. _____ ner i sängen nu, klockan är mycket!

dö   9. Fågeln hade redan _____ när vi hittade den.

           10. Den _____ säkert av en sjukdom, trodde Sofia.

sälja   11. Har de verkligen _____ sin gamla bil?

           12. Ja, men de sa att de _____ den för billigt.

delta   13. Hon undrade om han aldrig hade _____ i någon idrottstävling.

           14. Han svarade att han faktiskt _____ i en halv maraton över

                Öresundsbron 2002.

flyga   15. Jag vill veta om du har _____ till Sverige?

           16. Nej, jag _____ aldrig, jag tog färjan i stället.

lida   17. Erik säger att han _____ av svår allergi.

           18. Britta däremot har aldrig _____ av någon allergi.

Kopiering av detta material är förbjuden enligt lag och gällande avtal!

slå   19. Varför _____ du inte upp ordet som du inte förstod?

        20. Jag trodde att du redan hade _____ upp ordet.

Adjektiv och substantiv § 8, 9

Skriv adjektiv i superlativ, bestämd form och rätt form av substantivet!

Exempel:

stark flicka

Pippi är världens *starkaste flicka* _____.

1. stor

   Det amerikanska hotell som vi bodde på var det _____

   jag någonsin har sett.

2. lång

   Flygresan dit var också den _____ jag har gjort.

3. stor ö

   Från planet såg vi världens _____.

   Vad heter den näst _____?

4. hög berg

   Vi såg inte världens _____.

5. fantastisk berättelse

   Boken om Harry Potter är den _____ i min bokhylla.

6. såld möbel

   Bokhyllan Billy är Ikeas _____.

7. lång bro

   Är Öresundsbron Sveriges _____?

8. hög byggnad

   Var ligger Europas _____?

9. söt djur

   Kaniner är världens _____, säger Linda.

10. fanatisk hästälskare

    Unga tjejer är de _____, säger hennes far.

11. idealisk modell

    En minibuss är den _____ för stora familjer.

12. bra, skådespelare

    Världens _____ är Leonardo DiCaprio, säger Sofia.

13. snygg, skådespelerska

    Men den _____ heter Julia Roberts, tycker Mattias.

14. bra, fotbollsspelare

    Världens _____ är Ronaldo, säger Jonas.

    Nej, David Beckham är den _____ i världen,

    anser Daniel.

15. romantisk

    Det _____ jag vet, är en promenad vid havet i

    solnedgången, eller kanske en mysig hemmakväll framför tv:n, säger Åsa.

Kopiering av detta material är förbjuden enligt lag och gällande avtal!

16. gammal, universitet

    – Har Lund Sveriges _____?

    – Nej, det näst _____ tror jag.

17. ung, medlem

    Det är inte alltid kul att vara den _____ i familjen.

18. dålig, resultat

    – Förlorade ni med 10–0?

    – Ja, det var vårt _____ på länge!

19. många, studenter

    De _____ på min korridor gillar hiphop.

20. stor, säng   liten, rum

    Vi kan väl inte ha den _____ i det _____!

Substantiv

Skriv alla former av substantivet!

Singular		Plural	
Obestämd form	Bestämd form	Obestämd form	Bestämd form
1. _____ teater	_____	_____	_____
2. _____ land	_____	_____	_____
3. _____ stad	_____	_____	_____
4. _____ arbetsgivare	_____	_____	_____
5. _____ bokstav	_____	_____	_____

6. _____ morgon   _____   _____   _____

7. _____ man   _____   _____   _____

8. _____ äng   _____   _____   _____

9. _____ vigsel   _____   _____   _____

10. _____ skepp   _____   _____   _____

11. _____ lärare   _____   _____   _____

12. _____ son   _____   _____   _____

13. _____ bonde   _____   _____   _____

14. _____ förälder   _____   _____   _____

15. _____ lus   _____   _____   _____

Ordföljd § 2 a, 2 b

Ingela: "Vill du dansa med mig?"

Ingela undrar om du vill dansa med henne. _____

1. Karin: "Kan du inte hämta mina skor i hallen?"

   _____

2. Olof: "Jag ser inga skor."

   _____

3. Vera: "Varför regnar det alltid när jag har semester?"

   _____

4. Karl: "Vill ni träffa oss på fredag kväll?"

   _____

36   *Kopiering av detta material är förbjuden enligt lag och gällande avtal!*

5. Katarina: "Vem har tagit min nya penna?"

_____

6. My: "Jag kommer aldrig ihåg hans namn."

_____

7. Susanne: "Vilken tröja köpte du egentligen?"

_____

8. Adam: "Du kan faktiskt diska i dag!"

_____

9. Viktor: "Vad sa han?"

_____

10. Kasper: "Vad kommer att hända om tio år?"

_____

11. Robin: "Tänker du verkligen åka jorden runt?"

_____

12. Lars: "När blir det äntligen vinter?"

_____

13. Tove: "Det kommer antagligen inte att snöa i år."

_____

14. Birgitta: "Vems kaffe är det där?"

_____

15. Ellen: "Har ni inga pengar kvar?"

_____

Sammansatta ord

Vad blir det för ord?
Bilda nio sammansatta ord genom att kombinera ord i den vänstra spalten
med ord i den högra.

dag	saga
teater	vara
virus	hem
huvud	pjäs
barn	familj
privat	förråd
folk	larm
ord	person
mat	lärare

Försök bilda egna sammansättningar med orden ovan!

_____

_____

_____

_____

 Kopiering av detta material är förbjuden enligt lag och gällande avtal!

Lite av varje 4

A. Skriv adjektivet i superlativ bestämd form och rätt form av substantivet!

1. Han läste med spänning sin _____

   ny bok

2. Boken handlade om världens _____

   grym man

3. Han varnade för att resa till de allra _____

   fattig land

4. Man blir nog stärkt av att förstå de _____

   främmande kultur

5. Hon studerade nyfiket den allra _____

   tjock badgäst

B. Kombinera huvudsats och bisats!

1. Hon deltog i planeringen   A. om jag inte är hemma.

2. Han utbildade sig till förskollärare   B. så att de andra skulle förstå den.

3. Vi återberättade texten   C. tills allt var klart.

4. Jag gav inte upp   D. eftersom han var intresserad av barn.

5. Du kan väl lämna ett meddelande   E. förrän jag hade fått tag i alla.

C. Avsluta meningarna med en huvudsats!

1. När du inte längre vill vara med, _____

2. Fastän vi varnade honom, _____

3. Även om du helst vill ge upp, _____

4. Om du inte kan hitta på fler exempel, _____

5. Eftersom jag redan har dukat av bordet, _____

Perfekt particip och supinum § 10

Skriv verbet i rätt form!

bryta   1. Har Åsa _____ armen?

          2. Ja, den är _____.

gipsa   3. Har de _____ armen?

          4. Jadå, armen är _____.

operera   5. Har de _____ armen också?

          6. Nej, den är inte _____.

gripa   7. Har polisen _____ mannen?

          8. Ja, han blev _____ direkt.

förhöra   9. Har de _____ honom?

          10. Javisst, han blev _____.

släppa   11. Har de redan _____ honom?

          12. Ja, han blev _____ igen.

tråka ut   13. Har såpoperorna _____ Åsa?

          14. Ja, hon blir alltid _____ av dem.

intervjua   15. Har journalisten _____ Åsa?

          16. Ja, nu har hon blivit _____ av journalisten.

Kopiering av detta material är förbjuden enligt lag och gällande avtal!

stänga av   17. Har mannen _____ spisen?

18. Han undrade om spisen var _____.

skriva   19. Har journalisten _____ artikeln ännu?

20. Ja, den är redan _____.

Adjektiv och substantiv § 9

Skriv rätt form av adjektivet och substantivet!

Exempel:

Vi hade ett ___*intressant samtal*___ om kriminalitet.

intressant samtal

1. Jag tänker på de _____ på stranden.

varm dag

2. Han har alltid samma _____ på sig.

ful tröja

3. Vilken _____!

tråkig föreläsning

4. Åsa älskar Daniels _____.

god mat

5. De _____ finns nu på museum.

antik pistol

6. Har du rättat min _____ än?

fantastisk uppsats

7. Han höll om sin _____ hela kvällen.

vacker flickvän

8. Följande _____ har kommit ut i år.

utländsk roman

9. De här _____ har jag haft i åtta år.

   skön sko

10. När de satt och lyssnade på den _____ friade han.

    romantisk musik

11. Han blev dömd till ett _____.

    lång straff

12. Är det modernt med _____?

    skallig man

13. Deras _____ är 100 år gammalt.

    liten sommartorp

14. Den där _____ läste jag häromdagen.

    lång artikel

15. Jag är trött på att skriva dessa _____.

    svår övning

Perfekt particip § 10

Svara med rätt form av de kursiverade verben!

Det är en varm söndagseftermiddag. Daniel pratar med sin mor, Margit, som har kommit för att hämta honom till ett släktkalas. Åsa ska inte följa med för hon har jour.

1. Margit: Daniel, du har väl *bäddat* sängen i dag?

   Daniel: Ja, naturligtvis. Sängen är _____.

2. Margit: Ska jag *diska* frukostkopparna?

   Daniel: Nej, de är redan _____.

3. Margit: Du har väl *satt in* mjölken i kylskåpet?

   Daniel: Så klart. Mjölken är _____.

Kopiering av detta material är förbjuden enligt lag och gällande avtal!

4. Margit: Du har väl inte glömt att *torka av* bordet heller?

   Daniel: Nej, mamma. Bordet är _____.

5. Margit: Har du *tvättat* dina vita byxor?

   Daniel: De är ny-_____. Men, ärligt talat, Åsa fixade det.

6. Margit: Har hon *strukit* din rutiga skjorta också?

   Daniel: Nej, det gjorde jag själv. Den är mycket väl-_____!

7. Margit: Har du *slagit in* presenten till farmor?

   Daniel: Jadå. Presenten är _____ i ett fint blått papper.

8. Det är en duk som en samekvinna i Jokkmokk har *gjort* för *hand*. Farmor tycker

   ju om saker som är _____.

9. Margit: Det låter bra, men nu går vi. Har du *stängt av* spisen, *släckt* lamporna och

   låst dörren?

   Daniel: Det är faktiskt inte första gången jag går hemifrån. Spisen <u>är</u>

   _____, lamporna <u>är</u> _____ och nu är dörren

   _____. Men var har du *parkerat* bilen?

10. Margit: Ja, var ställde jag nu den? Jo, nu minns jag! Den är _____

    runt hörnet där borta. Det var gott om plats just där.

    Daniel: Men det är ju en busshållplats. Det är ju förbjudet att parkera där! Får jag
    nycklarna? Jag kör till farmors kalas. Vill du åka med?

Konjunktioner § 4, 5

Skriv en mening!
Använd konjunktionerna nedan!

för, men, utan, och, så

1. Jag ville gå på bio. Jag var sjuk så jag stannade hemma.

   _____

2. Det fanns ingen mjölk. Vi fick dricka vatten till maten.

   _____

3. Han köpte inte den dyra bilen. Han hade inga pengar.

   _____

4. Ellinor kommer på festen. Peter kommer också på festen.

   _____

5. Jag cyklar inte till jobbet. Jag åker buss.

   _____

medan, när, om, fastän, eftersom

6. Hon åt inget. Hon var inte hungrig.

   _____

7. Jag har duschat. Jag torkar mig.

   _____

8. Hon kunde inte sova. Hon var egentligen mycket trött.

   _____

9. Han talade i mobiltelefon. Han körde bil.

   _____

 Kopiering av detta material är förbjuden enligt lag och gällande avtal!

10. Köp lite godis till mig. Du går till affären.

_____

Perfekt particip   § 10

Skriv rätt form!

	en	**ett**	**plural/bestämd form**
Exempel:			
städa	*städad*	*städat*	*städade*
1. beskriva			
2. lära in			
3. älska			
4. läsa ut			
5. översätta			
6. irritera			
7. bjuda			
8. skilja			
9. föda			
10. använda			
11. hjälpa			
12. införa			
13. ge ut			
14. försörja			
15. misstänka			

REPETITION avsnitt 4 – 5

Skriv rätt preposition!

1. De *varnade* mig _____ att gå ensam på de mörka gatorna.

2. Vi kunde inte *komma överens* _____ vad vi skulle se för film.

3. Jag läste texten _____ *hjälp* _____ lexikon.

4. Filmen *handlar* _____ en man som flyttar till ett nytt land.

5. _____ meteorologerna blir det en kall vinter.

6. Daniel gick på stan och plötsligt *fick* han *syn* _____ Åsa med en annan man.

7. Hon blev *inspirerad* _____ honom.

8. Sofia *läser* alltid en saga _____ Harald på kvällen.

9. Till slut *bestämde* han *sig* _____ att köpa den billigaste bilen.

10. Vet du något om *bakgrunden* _____ mordet?

Skriv rätt partikel!

1. När du har ätit färdigt kan du *duka* _____ bordet.

2. Han ville veta hur olyckan *gick* _____.

3. Eleverna *slog* _____ sina böcker och började läsa på sidan 39.

4. När du har fyllt i blanketten kan du *lämna* _____ den i receptionen.

5. Ingen kunde *peka* _____ mördaren.

6. Liza Marklund *ger* _____ sina böcker på eget förlag.

7. Hon ville börja motionera så hon *gick* _____ i en idrottsförening.

8. Glöm inte att *stänga* _____ tv:n innan du somnar!

9. När en person är sjuk säger man ”*Krya* _____ *dig*!”

10. Jag *bryr mig* inte _____ vad du tycker.

Kopiering av detta material är förbjuden enligt lag och gällande avtal!

Lite av varje 5

A. Skriv meningar med följande ord!

1. ha lust att   _____

2. som tur är   _____

3. få syn på   _____

4. bli uttråkad   _____

5. antagligen   _____

B. Vad är motsatsen?

1. gripa   _____   4. tråkigt   _____

2. äldre   _____   5. glömma   _____

3. sätta på   _____

C. Försök att hitta ord i texten som passar till följande förklaringar!

1. där en affär visar sina varor   _____

2. arbetskamrat   _____

3. med tiden, efter en tid   _____

4. person som skyddar en känd person   _____

5. när man dödar en person   _____

D. Skriv rätt preposition!

1. Vad var bakgrunden _____ mordet?

2. Jag kan inte bestämma mig _____ vilken film jag ska se.

3. Ingen har blivit dömd _____ mordet.

4. Det låg ett bananskal _____ marken.

5. Jag blev uttråkad _____ föreläsningen.

Kopiering av detta material är förbjuden enligt lag och gällande avtal!

Pronomen § 13, 14

Fyll i ett pronomen som passar!

Daniels   1.   Daniel köpte _____ dator för ett år sedan.

föräldrarnas 2.   Han hämtade den med _____ bil.

Daniels   3.   Det var inte lätt att installera _____ dator.

Daniels   4.   Han undrar om det är _____ sämsta köp.

Åsas   5.   Åsa behåller _____ tankar för sig själv.

Daniel   6.   Försäljaren övertygade _____ om att datorn var bra.

det   7.   Har det inte fixat _____ än?

de   8.   Daniel ska träffa _____ på tisdag.

jag   9.   De skickar datorn hem till _____ om en vecka.

vi   10.   De kunde inte prata med _____ för vi hade inte tid.

hon   11.   Han träffade _____ på nätet förra veckan.

jag   12.   Jag kan inte koncentrera _____ när du pratar hela tiden.

de   13.   De reste _____ upp när man spelade nationalsången.

du   14.   Du måste skynda _____ nu, klockan är mycket!

ni   15.   Ni har väl inte glömt _____ lösenord?

han   16.   Kan du inte hjälpa _____ med installationen?

jag   17.   Jag tog _____ över Öresundsbron tillsammans med 159 673 andra.

de   18.   Han sa att de skulle ta _____ rullskridskor på _____.

hon   19.   Jag trodde att hon inte gillade _____ gamla dator längre.

ni   20.   Jag undrar om ni vill ha kvar _____ gamla skärm?

 Kopiering av detta material är förbjuden enligt lag och gällande avtal!

Verb

Skriv verbet i rätt form!

hända
1. Vi undrade vad som hade _____.

2. Det _____ ingenting roligt i lördags kväll.

skjuta
3. Statsministern blev _____ på öppen gata.

4. Ingen vet vem som _____ Olof Palme.

bry
5. Kungen sa att han inte _____ sig om varningen.

6. Jag har aldrig _____ mig om vad folk tycker.

bestämma
7. Nu är det _____ att vi ska åka till Grekland på semester.

8. Jag _____ mig direkt när jag såg annonsen.

använda
9. Han _____ min dator när han skrev brevet.

10. Du får inte byta de här skorna. De är ju _____!

bygga
11. Bron är _____ av cement och betong.

12. De två länderna har _____ bron gemensamt.

ta
13. Hon väntade tills alla hade _____ en bit av kakan.

14. Var det du som _____ mitt paraply?

erbjuda
15. Kerstin blev _____ ett välbetalt jobb i Bryssel.

16. Hennes man _____ sig att följa med när hon flyttade.

ligga
17. Bron _____ så långt borta att vi inte kunde fotografera den.

18. Vi har _____ på stranden hela dagen och haft det skönt.

hitta
19. Hon kunde hämta sina upp-_____ nycklar hos polisen.

20. Han ville inte gå hem förrän han hade _____ sin plånbok.

Kopiering av detta material är förbjuden enligt lag och gällande avtal!

Pronomen § 13

A. Skriv ett possessivt pronomen!

Min vän och (1) _____ fru tar gärna (2) _____ barn med sig ut på museer

eller utställningar. Men de och (3) _____ barn har inte riktigt samma intressen.

(4) _____ dotter och (5) _____ bästa kompis åker helst till ett köpcenter.

Där kan de titta på och prova snygga kläder, som de hoppas att (6) _____ föräldrar

vill köpa till dem. (7) _____ egna pengar sparar de till biobiljetter eller godis.

(8) _____ son gillar att titta på fotboll tillsammans med (9) _____ kompisar.

De kan lägga all (10) _____ tid på (11) _____ stora intresse. Om de lyckas

spara (12) _____ månadspengar, köper de helst fotbollströjor i (13) _____

favoritlags färger. Men (14) _____ föräldrar vill hellre att (15) _____ söner

ska ha en snygg skjorta på sig.

B. Skriv rätt pronomen. Välj bland: man, en, ens, sin, sitt, sina.

Nu kan (1) _____ bara ta (2) _____ bil, köra över bron och hälsa på

(3) _____ vänner i Köpenhamn. Om (4) _____ vänner har lust, kan de åka

med (5) _____ på en liten tur ut på landet. Annars kan de visa (6) _____ var

de har (7) _____ favoritställen i stan. Om (8) _____ vänner bjuder

(9) _____ på en dansk öl, blir (10) _____ ju glad.

Kopiering av detta material är förbjuden enligt lag och gällande avtal!

Substantiv

Skriv alla former av substantivet!

	Singular		**Plural**	
	Obestämd form	Bestämd form	Obestämd form	Bestämd form
1. ____ bok	_____	_____	_____
2. ____ knä	_____	_____	_____
3. ____ invånare	_____	_____	_____
4. ____ program	_____	_____	_____
5. ____ dator	_____	_____	_____
6. ____ intervju	_____	_____	_____
7. ____ fönster	_____	_____	_____
8. ____ tecken	_____	_____	_____
9. ____ natt	_____	_____	_____
10. ____ hustru	_____	_____	_____
11. ____ utseende	_____	_____	_____
12. ____ bro	_____	_____	_____
13. ____ tunnel	_____	_____	_____
14. ____ miljö	_____	_____	_____
15. ____ problem	_____	_____	_____

Kopiering av detta material är förbjuden enligt lag och gällande avtal!

Ordföljd i bisats § 2 b, 3

Farmor sitter och läser kvällstidningen. Skriv vad farmor och farfar undrar och säger.

1. Farmor: Det står i tidningen _____
   En kvinnlig polis blev skadad i natt.

2. Farfar: Vet du _____ ?
   Hur hände olyckan?

3. Farmor: Det sägs _____
   Hon halkade antagligen på ett bananskal.

4. Farfar: Man kan undra _____
   Blev hon svårt skadad?

5. Farmor: Det säger man inte men det står _____
   Hon blev snabbt förd till sjukhus.

6. Farfar: Jag undrar _____
   Står det något annat lika intressant?

7. Farmor: Det står _____
   Man använde symbolen för snabel-a redan på 1500-talet.

8. Farfar: Jag visste inte _____
   Hade man datorer redan då?

9. Farmor: Det är väl klart _____
   Det hade man inte.

10. Farmor: Det finns en annan artikel som ställer frågan _____
    Kan man bli kär i någon på Internet?

11. Farfar: Man kan ju undra _____
    Hur går det till?

12. Farmor: Det står här _____
    Man träffas oftast när man chattar.

13. Farfar: Och jag som inte ens vet _____
    Hur gör man när man chattar?

Kopiering av detta material är förbjuden enligt lag och gällande avtal!

Sammansatta ord

Vad blir det för ord?
Bilda nio sammansatta ord genom att kombinera ord i den vänstra spalten
med ord i den högra.

skylt	**skal**
dator	**motståndare**
bro	**plats**
natur	**skärm**
artikel	**serie**
bil	**fönster**
djur	**liv**
mord	**trafik**
banan	**skildring**

Försök bilda egna sammansättningar med orden ovan!

_____

_____

_____

_____

Kopiering av detta material är förbjuden enligt lag och gällande avtal!

Lite av varje 6

A. Skriv meningar med följande ord!

1. så snart _____

2. ändå _____

3. upptäcka _____

4. dagen därpå _____

5. vara kär i _____

B. Vad är motsatsen?

1. frånvarande _____   4. oklar, vag _____

2. nykter _____   5. hat _____

3. likgiltig och ointresserad _____

C. Försök att hitta ord som passar till följande förklaringar!

1. att beskriva eller berätta om något _____

2. att öppna under en ceremoni _____

3. en person som många älskar är _____

4. att hoppas på _____

5. att göra något tillsammans är att göra det _____

D. Skriv rätt preposition!

1. Han vill gärna bidra _____ underhållningen.

2. Alla fick komma _____ egna förslag.

3. Vi har satsat _____ helt nya möbler i vardagsrummet.

4. Han oroade sig _____ att han hade gått upp i vikt.

5. Förbindelsen _____ länderna ökar nog kontakten.

Kopiering av detta material är förbjuden enligt lag och gällande avtal!

S-passiv § 11

Skriv om från aktiv till passiv form!

Exempel: Astrid Lindgren skrev böckerna om Pippi Långstrump.

Böckerna om Pippi Långstrump skrevs av Astrid Lindgren.

1. Hantverkare tillverkade träskor förr i tiden.

   _____

2. Man öppnar dörren utåt.

   _____

3. Man säljer massor av tröjor på varuhuset.

   _____

4. Han slet ut de här jeansen på ett par år.

   _____

5. Man får inte tvätta tröjan i maskin.

   _____

6. Man gör de här mobiltelefonerna i Japan.

   _____

7. Efter ärtsoppan serverade man pannkakor.

   _____

8. Bellmans visor sjunger man ofta på fester.

   _____

9. Det svenska laget vann matchen.

   _____

10. Man vispar äggen tillsammans med sockret.

    _____

Verb

Skriv rätt verb i rätt form!

höra/höras

1. Förlåt, jag _____ inte vad du sa.

2. Pierre, det _____ att du kommer från Frankrike.

3. Sätt upp ljudet! Man _____ ju ingenting!

4. Det _____ att hon var förkyld.

sakna/saknas

5. Det _____ tre studenter i dag.

6. Jag _____ mina syskon mycket, när jag läste utomlands.

märka/märkas

7. Det _____ att ni är i fin form i dag.

8. Vi _____ aldrig när du kom.

9. Bra, det _____ att du har förberett dig ordentligt!

känna/kännas

10. Det _____ som höst redan, tycker jag.

11. Jag _____ mig så glad i dag, i går _____ jag mig inte lika pigg.

12. Det _____ härligt med ett dopp i havet, när vi hade ätit sill och potatis.

se/synas

13. Det _____ att du har varit ute. Du har så rosiga kinder.

14. Man bör _____ på den man talar med.

15. Det _____ att ingen förstod vad han menade.

Kopiering av detta material är förbjuden enligt lag och gällande avtal!

Ordföljd i bisats § 2 b, 3

Skriv vad Daniel och Åsa undrar och säger. Glöm inte att ändra pronomen.

1. Daniel undrar

   _____

   Var är egentligen mina gamla träskor?

2. Han säger

   _____

   Träskorna var faktiskt handgjorda.

3. Åsa undrar

   _____

   Vad menar du?

4. Åsa säger

   _____

   Jag har faktiskt ingen aning om var de finns.

5. Åsa säger

   _____

   Mina kompisar har alltid det senaste modet.

6. Hon undrar

   _____

   Hur har de råd?

7. Daniel tycker

   _____

   Det är inte så viktigt att följa modet.

Kopiering av detta material är förbjuden enligt lag och gällande avtal!

8. Han tycker

_____

Det viktigaste är att kläderna är sköna.

9. Åsa tycker

_____

Man kan inte se ut hur som helst.

10. Daniel undrar

_____

Tycker du inte att jag är välklädd?

11. Åsa svarar diplomatiskt

_____

Du är oftast mycket personligt klädd.

12. Daniel vill veta

_____

Vad menar du med det?

13. Åsa säger något om

_____

Det är inte så lätt att förklara vad jag menar.

14. Daniel påpekar irriterat

_____

Det är faktiskt ganska svårt att förstå vad du menar.

Kopiering av detta material är förbjuden enligt lag och gällande avtal!

Adjektiv och substantiv

Skriv rätt form av adjektivet och substantivet!

1. ny bro   Alla ville titta på den _____.

2. gammal träsko   Daniel kunde inte hitta sina _____.

3. lång, ljus man   En _____ rånade banken.

4. regnig sommar Efter den _____ ville många resa söderut.

5. liten, god kaka Jag tror att jag tar den där _____.

6. svensk hem   Det är en text om det _____.

7. trevlig hotell   Vi åker till samma _____ varje år.

8. dyr skyltfönster Man slog sönder de _____.

9. lång uppsats   Denna _____ var ganska bra.

10. stark kaffe   Nej, nu måste jag ta en kopp _____.

Använd substantivet och superlativformen av adjektivet i rätt form!

     ung barn   Deras *yngsta barn* är bara två år.

11. gammal person Vad heter Sveriges _____?

12. varm månad   Den _____ måste vara juli.

13. liten äpple   Jag kan ta det _____.

14. fin skjorta   Han hade sin _____ på festen.

15. lång dag   Det var den _____ i mitt liv.

Ordföljd i huvudsats och bisats § 2 a, 2 b, 5

Placera orden i rätt ordning! Börja med ordet med stor bokstav.

1. bruksanvisningen noga Daniel läste **innan** ihop koppla började datorn han

   _____

2. försökte Man brobygget stoppa faktiskt **genom att** demonstrera gå och ut

   _____

3. inte kan jobbet Åsa ha på träskor **eftersom** mycket klampar de så

   _____

4. trevligt på hade semestern Vi **trots att** särskilt väder hade vi fint inte

   _____

5. sjukskriven Åsa tyvärr är **därför att** armen har hon brutit

   _____

6. genast Drottning Kristina utomlands reste **när** abdikerat hon hade

   _____

7. en Daniel ny verkligen Köpte dator **trots att** var hans gammal par bara gamla år ett

   _____?

8. billigt möbler säljer Ikea ganska **så att** ha köpa ska de dem råd flesta att

   _____

9. bo ishotellet Många i gärna Jukkasjärvi vill på **trots att** är där mycket det kallt verkligen

   _____

10. köpa Selma Lagerlöf inte Mårbacka tillbaka kunde **förrän** fått hon Nobelpriset hade

    _____

Kopiering av detta material är förbjuden enligt lag och gällande avtal!

Skriv rätt preposition!

1. När jag *var klar* _____ läxan gick jag ut.

2. Hon sa att hon var sjuk, men _____ *själva verket* ville hon inte träffa dem.

3. Vad *består* egentligen brons _____?

4. De ska åka på semester _____ *slutet* _____ året.

5. Om du inte gillar mitt förslag måste du *komma* _____ ett eget.

6. Varför kan du aldrig *komma* _____ *tid*?

7. _____ *tal* _____ mat, du borde inte äta så mycket på kvällarna.

8. Du kan *lita* _____ henne. Hon kan verkligen bevara en hemlighet.

9. Hon ska *delta* _____ ett möte om en bilfri innerstad.

10. Daniel *funderar* _____ att köpa en ny dator – igen.

Skriv rätt partikel!

1. Har du *skrivit* _____ alla nya ord i din glosbok?

2. Alla tittade när hon *steg* _____ i rummet.

3. Vid olyckan *slog* han _____ huvudet.

4. Man måste *bygga* _____ ishotellet varje vinter.

5. Hon ska *ställa* _____ sina tavlor på galleriet.

6. Hon *visade* stolt _____ sin nya bil.

7. Vissa engelska ord har nu helt *slagit* _____ i Sverige.

8. Kan du hjälpa mig att *sätta* _____ det trasiga bordet?

9. Just nu *håller* jag _____ att skriva en övning.

10. Många tycker att det är viktigt att *hänga* _____ i modet.

Lite av varje 7

A. Skriv meningar med följande ord!

1. praktisk   _____

2. mode   _____

3. likadan   _____

4. kräva   _____

5. förresten   _____

B. Vad är motsatsen?

1. modern   _____   4. slösaktig   _____

2. borta   _____   5. bry sig om   _____

3. mörk   _____

C. Försök att hitta ord som passar till följande förklaringar!

1. säga bestämt _____

2. göra, producera _____

3. tycka om _____

4. en person som handlar är en _____

5. alltid _____

D. Skriv rätt preposition!

1. Jag struntar _____ modet.

2. Jukkasjärvi ligger _____ Kiruna.

3. _____ början _____ december öppnar ishotellet.

4. De svenska hemmen har ofta textilier _____ ljusa färger.

5. Carl Malmsten var inspirerad _____ svensk hemslöjd.

  Kopiering av detta material är förbjuden enligt lag och gällande avtal!

Konditionalis § 15

Skriv meningar!

Använd konditionalis 1 som i exemplet!

Exempel: ha tid / spela golf

Om jag hade tid, skulle jag spela golf.

1. vinna en miljon / åka jorden runt

2. ha råd / köpa en röd sportbil

3. vara sommar / ligga på stranden

4. vara trött / inte gå till kursen

5. ha hund / stiga upp tidigare

6. inte ha ont i foten / börja träna

7. kunna spela gitarr / starta ett band

8. bli känd / skriva autografer

9. möta en älg / springa hem

_____

10. få en lägenhet / åka till Ikea

_____

11. inte kunna simma / sjunka

_____

12. få lite hjälp / bli lättare

_____

13. läsa mer / klara tentan

_____

14. inte göra ont / göra hål i öronen

_____

15. köpa en lott / kunna vinna en miljon

_____

Kopiering av detta material är förbjuden enligt lag och gällande avtal!

Perfekt particip § 10

Hur ser det ut i ditt rum i dag?
Beskriv ditt rum med hjälp av perfekt particip!
Du kan använda verben i rutan eller andra verb.

städa	stänga	ställa	låsa
hänga upp	bädda	lägga	släcka
torka	tvätta	putsa	tända

1. Mitt rum är/är inte _____

2. Sängen är _____

3. Dörren är _____

4. Alla fönster är _____

5. Skrivbordslampan är _____

6. Skrivbordet är _____

7. Naturligtvis är böckerna in-_____ i bokhyllan.

8. Golvet är _____

9. Kläderna är _____

10. Mattan är _____

11. Skorna är ny-_____

12. Tröjorna är ordentligt in-_____ i garderoben.

13. Taklampan är _____

14. _____ är _____

15. Och du själv? Jag är _____

Konditionalis § 15

Skriv verben i rätt form! Använd konditionalis 1: (om) + preteritum, skulle + infinitiv.

A.

Det var en gång en flicka som gick till stan för att sälja mjölk. Hon bar stolt den stora kannan med mjölk på sitt huvud och tänkte:

få, köpa

Om jag bara __*fick*__ bra betalt för mjölken, skulle jag __*köpa*__ femton hönor.

lägga, sälja

1. Om hönorna sedan _____ många ägg, skulle jag _____ äggen.

tjäna, köpa

2. Om jag _____ mycket på äggen, skulle jag _____ några grisar.

bli, byta

3. Om grisarna _____ stora och tjocka, skulle jag _____ dem mot

ett par fina mjölkkor.

få, få

4. Om korna _____ kalvar, skulle jag _____ mycket pengar för dem.

vara, köpa

5. Om jag _____ så rik, skulle jag _____ en stor gård.

ha, vilja

6. Om jag _____ en stor gård, skulle alla unga män _____ gifta sig

med mig.

 Kopiering av detta material är förbjuden enligt lag och gällande avtal!

fråga, hålla, säga

7. Om de _____ mig, skulle jag _____ huvudet högt och

_____ nej!

När hon hade tänkt så långt, knyckte hon på nacken och – PLASK! – spillde ut all mjölken.

(fritt efter *Flickan med mjölkbyttan* av H C Andersen)

B.

Skriv nu om historien i konditionalis 2: (om) + pluskvamperfekt, skulle + ha + supinum. Ändra också pronomen.

Ingen av flickans drömmar slog in, men om hon *hade fått* bra betalt för mjölken, *skulle* hon *ha köpt* ...

Satsadverb i huvudsats § 2 a, 3

Skriv satsadverbet på rätt plats i den markerade satsen!

Jonas: Min bror har blivit så jobbig, sedan han började med sin nya fåniga hobby!

Exempel: *verkligen*
verkligen   Daniel: *Har han börjat med drakflygning?*

faktiskt   1. Jonas: Ja, *det är ganska modigt.*

nog   2. Daniel: *Jag tycker* att det snarare är dumt.

ju   *Han kan ramla ner!*

förresten   3. Jonas: *Har du hört talas om Salomon August Andrée?*

väl	4. Daniel: *Det var han* som skulle flyga till Nordpolen i ballong på 1800-talet?
egentligen	*Hur gick det?*
säkert	5. Jonas: Inget vidare, *men han var sin tids Göran Kropp!*
kanske	6. Daniel: *Menar du den där äventyraren* som cyklade till
ju	Nepal och besteg Mount Everest? *Han verkar galen!*
i alla fall	7. Jonas: Kanske det, *men man måste beundra en* som cyklar så
faktiskt	långt och bestiger berget utan syrgas. *Sedan cyklade han hem* till Sverige igen!
ju också	8. Daniel: *Han har gett sig ut på många andra äventyr,* åkt skidor mot Nordpolen till exempel.
visst	*Fast han blev tvungen att vända* för han höll på att förfrysa tummen, har jag hört.
antagligen	9. Jonas: *Människan har i alla tider velat utmana ödet.*
egentligen	10. Daniel: *Det handlar om* att förverkliga sig själv, tror jag.
säkert	11. Jonas: Ja, *det är bra att vara nyfiken.*
kanske	12. Daniel: *Det är tid att lära sig något nytt!*

Diskutera: Att utmana ödet – varför vill vi göra farliga saker?

Kopiering av detta material är förbjuden enligt lag och gällande avtal!

S-passiv § 11

Skriv om från aktiv till passiv form!

Ex. Man skalar äpplena innan man lägger dem i formen.

Äpplena skalas innan de läggs i formen.

1. Polisen grep mannen men man släppte honom senare.

   _____

2. Man har fortfarande inte hittat mördaren.

   _____

3. Man låser dörren med två nycklar.

   _____

4. Man har filmat flera av böckerna.

   _____

5. Nu har man översatt boken till många språk.

   _____

6. Man bygger hotellet av is.

   _____

7. De packar möblerna i platta paket.

   _____

8. Man ställde ut tavlorna på ett litet galleri.

   _____

9. Hon har visat sin konst över hela världen.

   _____

10. Man säger att svenskarna gillar sill och potatis.

_____

11. Man märker att hennes kläder är dyra.

_____

Ordföljd i bisats § 2 b, 3

Gör om huvudsatsen till en bisats! Tänk på satsadverbets plats!

1. Den första söndagen i mars är alltid dagen för Vasaloppet.

Alla vet kanske inte att _____

_____

2. Vasaloppet är ju en mycket stor skidtävling.

Du vet nog redan att _____

_____

3. Skidåkarna åker faktiskt 9 mil längdåkning mellan Sälen och Mora.

Det är imponerande att _____

_____

4. Sälen och Mora ligger förresten i landskapet Dalarna.

Det är väl bäst att förklara att _____

_____

Kopiering av detta material är förbjuden enligt lag och gällande avtal!

5. Första gången genomfördes tävlingen visst 1922.

Jag har läst att _____

_____

6. Tävlingens namn kommer antagligen från kung Gustav Vasa.

Alla säger att _____

_____

7. Redan år 1521 åkte han troligen samma sträcka.

Det sägs också att _____

_____

8. Man blir säkert törstig under en så lång tävling.

Jag kan tänka mig att _____

_____

9. Under Vasaloppet serverar man vanligen omkring 34 000 liter blåbärssoppa.

Jag har hört att _____

_____

10. Är det verkligen över 15 000 deltagare i Vasaloppet?

Jag vill veta om _____

_____

Kopiering av detta material är förbjuden enligt lag och gällande avtal!

Verb

Fyll i verbens former!

Infinitiv	Presens	Preteritum	Supinum
1. vinna	_____	_____	_____
2. sätta	_____	_____	_____
3. hända	_____	_____	_____
4. slippa	_____	_____	_____
5. skrämma	_____	_____	_____
6. anta	_____	_____	_____
7. inse	_____	_____	_____
8. påstå	_____	_____	_____
9. erkänna	_____	_____	_____
10. välja	_____	_____	_____
11. få	_____	_____	_____
12. lägga	_____	_____	_____
13. vilja	_____	_____	_____
14. driva	_____	_____	_____
15. se	_____	_____	_____

Kopiering av detta material är förbjuden enligt lag och gällande avtal!

Sammansatta ord

Vad blir det för ord?
Bilda nio sammansatta ord genom att kombinera ord i den vänstra spalten
med ord i den högra.

trä	cykel
guld	sport
hem	skor
toalett	björn
vinter	borste
möbel	bord
motor	inredning
frukost	stil
is	medalj

Försök bilda egna sammansättningar med orden ovan!

_____

_____

_____

_____

Kopiering av detta material är förbjuden enligt lag och gällande avtal!

Lite av varje 8

A. Skriv meningar med följande ord!

1. inte förrän _____

2. mot slutet _____

3. troligen _____

4. på grund av _____

5. jämfört med _____

B. Vad är motsatsen?

1. introvert, inåtvänd _____   4. spara _____

2. pratsam _____   5. förlora _____

3. en motgång, ett misslyckande _____

C. Försök att hitta ord som passar till följande förklaringar!

1. saker som man behöver i köket _____

2. tidigare, ex- _____

3. en sak, en grej _____

4. en modell, någon att imitera _____

5. ett liv _____

D. Skriv rätt preposition!

1. Boken gav svar _____ våra frågor.

2. De har olika syn _____ pengar.

3. Han vann fem gånger _____ rad.

4. Många har följt _____ sina idolers spår.

5. Man tror att männen dog _____ förgiftning.

 Kopiering av detta material är förbjuden enligt lag och gällande avtal!

Intransitiva och transitiva verb § 12

Skriv rätt verb i rätt form! Använd aktiv form!

Miljömärkt – så klart!

stå/ställa

Exempel: Det ____*står*____ här att kartongen kan återvinnas.

Jag __*ställde*__ fram den ekologiska mjölken i morse.

sitta/sätta

1. Jag har _____ upp kostcirkeln på köksväggen.

2. Har du _____ och lyssnat på hela föreläsningen om återvinning?

3. Vi _____ oss i soffan för det var bekvämare.

stå/ställa

4. Filmjölken måste _____ i kylen.

5. Var har du _____ soporna?

6. Man _____ flaskor där,

7. men farligt avfall måste _____ där borta.

ligga/lägga

8. Har du _____ potatisskalen i komposten?

9. Sopstationen har ju alltid _____ så långt härifrån.

10. Du _____ papper här,

11. men kartong ska _____ där borta.

vakna/väcka

12. "Vi måste _____ folk – alla måste ta sitt ansvar!"

13. Det är svårt att _____ när det är så mörkt ute.

14. Britta _____ mig klockan åtta fastän det var lördag.

brinna/bränna

15. Plastförpackningarna har _____ upp.

16. Man får inte _____ skräp i sin trädgård.

17. Jag _____ mig när jag satte in morotskakan i ugnen.

sjunka/sänka

18. Priset på KRAV-märkta bananer har _____ den senaste tiden.

19. Man har också _____ priset på biodynamiskt odlade morötter.

20. Man _____ avgiften för sophämtning från och med den 1 juli i fjol.

Kopiering av detta material är förbjuden enligt lag och gällande avtal!

Tidsprepositioner § 16

Skriv rätt tidspreposition! Välj bland:

i	på	om	för	till

1. Våra naturtillgångar måste räcka _____ många tusen år till.

2. Jag har inte vänt komposten _____ länge.

3. Bron ska hålla _____ minst hundra år.

4. Hur kommer vi att bo _____ hundra år?

5. Plasten bryts inte ner _____ mycket länge.

6. Materialet är gjort för att vara _____ många år.

7. _____ trettio år sedan var det mycket slit och släng i konsumtionssamhället.

8. _____ trettio år har vi nog löst problemet med sopberget.

9. Maskarna tillverkar jord _____ mycket kort tid.

10. Miljörörelsen växte starkt _____ 80-talet.

11. En svensk producerar i genomsnitt 370 kg sopor _____ året.

12. Går du på gympa flera gånger _____ veckan?

13. Jag äter säkert fem gånger _____ dagen.

14. Men nu har jag inte ätit godis _____ fjorton dagar.

15. Menar du att man kan lära sig språket riktigt bra _____ ett år?

16. Jag ska läsa på universitetet _____ höst.

17. Han hälsade på mig _____ somras.

18. Jag ska flytta till Norge _____ hösten.

19. De brukar träna fotboll _____ kvällarna.

20. Okej, då kommer du _____ söndag.

Kopiering av detta material är förbjuden enligt lag och gällande avtal!

Intransitiva och transitiva verb § 12

Skriv ett verb som passar! Välj bland:

sitta	sätta	ligga	lägga	stå	ställa

1. Vi såg att det _____ många hotell längs stranden.

2. Vem har _____ plastflaskan i soptunnan?

3. Jag _____ boken i bokhyllan när jag hade läst den.

4. Du har väl _____ fram ketchupen på bordet?

5. Jag har _____ i de gröna ärterna i soppan.

6. Smöret har väl inte _____ framme hela dagen?

7. Varför _____ inte fjärrkontrollen på sin plats när jag behövde den?

8. Katten har _____ i fönstret och tittat ut hela förmiddagen.

9. Du har väl _____ cykeln i cykelstället?

10. Var så god och _____ medan jag _____ på kaffet!

11. Hon _____ sig ner och _____ upp fötterna på bordet när ingen såg det.

12. _____ dig upp ordentligt, sa pappa när han kom in.

13. Nej, nu vill jag hellre gå och _____ mig för jag är jättesömnig.

14. Igår _____ jag vaken länge i sängen och läste en rolig bok.

15. Det _____ i tidningen i morse att man inte skulle glömma att

    _____ om klockan till sommartid.

Uppgift:

Skriv tio egna meningar med verben!

Kopiering av detta material är förbjuden enligt lag och gällande avtal!

Lucktext 1

Använd de här orden i luckorna!

Verb:

hade   skulle   slippa   svarar   tycka

Substantiv:

doft   gång   hälsan   solen

Prepositioner, adverb, konjunktioner m.m.:

alltså   av   denna   det   eftersom   för

gott   i   inte   man   och   på

rika   som   svårt   under

Bad och vitlök

Förr i tiden, när man inte (1) _____ deodoranter och andra hjälpmedel för att

(2) _____ lukta illa, parfymerade man sig och (3) _____ håret hade

man parfymerat puder. I dag skulle vi nog (4) _____ att en blandning av svett

(5) _____ parfym skulle lukta illa. Det måste dessutom säkert ha varit

(6) _____ , om inte omöjligt, att tvätta en 1700-talsklänning.

   Många älskar vitlök, men (7) _____ är inte många som tycker att en person,

(8) _____ luktar vitlök, luktar gott. Vitlöken sägs också vara bra

(9) _____ hälsan. Därför äter många vitlökskapslar för att (10) _____

lukta men ändå dra nytta av vitlökens hälsosamma effekt.

   I mitten (11) _____ 1500-talet ansåg en belgisk läkare, Francis Raspard, att

(12) _____ bara borde bada (13) _____ sommaren och att bara

(14) _____ människor, som åt fin och raffinerad mat, (15) _____ bada.

För andra människor var det skadligt för (16) _____ att bada, menade han.

(17) _____ åsikt levde kvar ända in (18) _____ 1800-talet. I Sverige

badade många så sent som på 1960-talet bara en (19) _____ i veckan, på

lördagen. Lördag hette förr lögardag och (20) _____ löga betyder tvätta och

bada så betyder (21) _____ lördag dagen för tvätt och bad.

Vilken (22) _____ tycker folk bäst om? Många (23) _____ att huden

doftar speciellt (24) _____ när man har legat i (25) _____ på stranden

en dag.

Perfekt particip § 10

Svara med perfekt particip!

1. Har du bjudit dem på festen?

   Ja, de är _____

2. Har alla löven fallit ner?

   Ja, nu är de _____

3. Har du tagit många nya bilder?

   Nej, jag har inga ny-_____ bilder.

4. Har Fredrik brutit armen?

   Ja, hans arm är faktiskt _____

Kopiering av detta material är förbjuden enligt lag och gällande avtal!

5. Har han inte klippt sig?

   Jo, han är ny-_____

6. Har du bytt dina julklappar?

   Ja, nu är alla julklapparna _____

7. Har du hängt upp adventsstjärnan?

   Javisst, den är _____ i fönstret.

8. Har du lagt in gurkor i år?

   Nej, jag gillar inte _____ gurkor.

9. Har du packat ner dina kläder?

   Ja, nu är alla kläderna _____ i ryggsäcken.

10. Har ni spelat in mitt favoritprogram?

    Jadå, det är _____

Lucktext 2

Använd de här orden i luckorna!

Verb:

går	kan	regnar	säger
vara	åker	äter	

Substantiv:

barnen   minuter   syster

Pronomen:

dem   det   hennes   hon

Prepositioner, adverb, konjunktioner m.m.:

absolut	allt	av	då
hela	in	med	medan
mycket	och	redan	sedan
senare	som	så	upp

En ledig dag

"I morgon stiger vi (1) _____ tidigt och packar en utflyktskorg och

(2) _____ till stranden. Vi kan stanna (3) _____ dagen, bada,

sola och bygga sandslott och ha det kul", sa Jessica till sina barn.

Mamma Jessica som hade en ledig dag (4) _____ fyra barn hemma såg

fram emot en dag (5) _____ hon inte skulle behöva sysselsätta

(6) _____ hela dagen. Det fanns så mycket för (7) _____ att

göra på stranden så (8) _____ skulle säkert få tid att läsa

(9) _____ sola i lugn och ro. Barnen var glada och (10) _____

på kvällen hade de packat (11) _____ de skulle ha med sig.

Kopiering av detta material är förbjuden enligt lag och gällande avtal!

Nästa morgon vaknar Jessica (12) _____ att regnet slår mot fönstret. Hon

(13) _____ ut i köket och tittar på termometern, 16°! Det

(14) _____ och blåser! När barnen vaknar blir de (15) _____

besvikna. Då ringer telefonen. Det är Jessicas (16) _____ som undrar om

Jessica kan passa (17) _____ tre barn några timmar så att hon

(18) _____ handla och gå till tandläkaren. Nej, det vill jag

(19) _____ inte, tänker Jessica. Till sin syster (20) _____ hon:

"Javisst, vi är ändå hemma. Det är (21) _____ roligt när alla barnen träffas."

    Två timmar (22) _____ står Jessica i köket och bakar en sockerkaka

(23) _____ barnen springer ut och (24) _____ med våta skor

och skriker och bråkar.

    "När barnen (25) _____ sockerkakan blir det säkert lugnt i fem

(26) _____ ", tänker Jessica. "Då måste jag passa på att torka av golvet

(27) _____ har blivit så smutsigt och (28) _____ ska jag tvätta

en maskin tvätt och sedan är (29) _____ dags att laga middag och ...". Det

kan vara jobbigt att (30) _____ ledig från jobbet!

Perfekt particip § 10

	en	**ett**	**plural/bestämd form**
Exempel:			
stänga	*stängd*	*stängt*	*stängda*
1. skölja			
2. kasta			
3. återvinna			
4. missförstå			
5. anse			
6. uppleva			
7. byta			
8. bära			
9. försvinna			
10. förstöra			
11. ta			
12. finna			
13. förbjuda			
14. sälja			
15. välja			

Kopiering av detta material är förbjuden enligt lag och gällande avtal!

Lite av varje 9

A. Skriv meningar med följande ord!

1. sedan dess   _____

2. på senare år _____

3. framför allt _____

4. dessutom   _____

5. slippa   _____

B. Komplettera meningarna med adjektiv och substantiv!

1. Det är samma_____

2. Hon pratade med sin _____

3. Han gillade inte den där _____

4. Daniel säger att man ska tvätta de _____

5. Många lyssnar på Cornelis Vreeswijks _____

C. Försök att hitta ord som passar till följande förklaringar!

1. fler och fler   _____

2. inte rent   _____

3. som är bra, som passar   _____

4. transparent   _____

5. associera med   _____

D. Skriv rätt pronomen. Använd hans, hennes eller sin!

1. Daniel pratar med _____ mamma om återvinning.

2. Han vill att _____ mamma ska ha en kompost.

3. Men _____ mamma säger att det är äckligt.

4. Hon vill inte ha gamla räkskal under _____ diskbänk.

5. Daniel undrar om _____ pappa också tänker så.

Lucktext 3

Använd de här orden i luckorna!

Verb:

kunna	verkar	kunde	hälsa
hittade	göra	tycker	undrar
började	skulle	blivit	

Pronomen:

något	man	mina	någon
annan	som		

Adverb, adjektiv, partiklar, konjunktioner m.m.:

men	ihåg	på	svårt	också
nog	om	känd	när	med
medan	att	den		

Ett försök att förverkliga en barndomsdröm

När jag var barn drömde jag om att bli en (1) _____ artist. Folk skulle stå

och applådera och skrika (2) _____ jag steg ur flygplanet, och jag

(3) _____ le och vinka åt dem. Fotografer skulle trängas för att få

(4) _____ bästa bilden på mig. I väntan på att bli känd dagdrömde

jag om (5) _____ vara med i tävlingar som jag vann. Ibland tävlade jag

med (6) _____ som inte visste om att han/hon var med i en tävling. Jag

(7) _____ till exempel tävla med (8) _____ syskon om vem

(9) _____ kunde äta upp sin smörgås snabbast. Eftersom de inte visste att de

var (10) _____ i en tävling satt de och pratade (11) _____ de åt.

Då vann jag alltid.

   Kopiering av detta material är förbjuden enligt lag och gällande avtal!

Häromdagen satt jag och tänkte (12) _____ mina barndomsdrömmar. Mitt

liv hade inte alls (13) _____ så som jag drömde om som barn.

(14) _____ blir knappast en kändis av att jobba på kontor. Då kom jag

(15) _____ att jag fått Guinness rekordbok i julklapp. Jag

(16) _____ titta i den för att se om jag möjligen skulle (17) _____

slå något rekord. En gång hade jag börjat samla cigarettändare (18) _____

tröttnat när jag hade 11 stycken. Jag kanske skulle kunna samla på (19) _____

Under rubriken "Samlingar" (20) _____ jag en person från Nederländerna

som hade 51 006 cigarettändare.

   Jag passar (21) _____ inte till att samla på något. Jag kanske skulle kunna

(22) _____ något med händerna? Jag (23) _____ själv att jag är

ganska snabb. Under rubriken "Övriga rekord" läste jag (24) _____ en man

som på 13,4 sekunder skivat en 30,48 cm lång gurka med en diameter på 3,81 cm. Det

blev 264 skivor. Jag (25) _____ om de var jämna och fina. Det

(26) _____ lite för svårt att klara. En amerikansk president har

(27) _____ ett rekord. I handskakning. President Roosevelt skakade hand

med 8 513 personer på en nyårsfest. En (28) _____ som skakat hand är Scott

Killon från Kanada. Han skakade hand med 25 000 personer på 8 timmar 1992. Det är ju

inte (29) _____ att skaka hand, men var hittar jag så många personer som

vill (30) _____ på mig?

   Jag slår ihop Guinness rekordbok, för jag förstår nu att jag nog aldrig kommer att bli

berömd.

Kopiering av detta material är förbjuden enligt lag och gällande avtal! 87

Tidsprepositioner § 16

Skriv rätt tidspreposition. Välj bland:

om	till	för	i	på

1. En kopp te och en knäckebrödssmörgås är gott _____ kvällen.

2. TV-programmet varade _____ en timme.

3. Åsa är född _____ 1900-talet.

4. Svenskarna äter många lussekatter _____ jul.

5. Han slutade röka _____ två år sedan.

6. Kalle äter ofta en varm korv _____ lunchen.

7. Daniel gillar att sova länge _____ morgnarna.

8. Åsa dricker minst åtta koppar kaffe _____ dagen.

9. Hur gick det på tentan _____ tisdags?

10. De stod och pratade _____ mer än 20 minuter.

11. Det regnar ofta mycket _____ hösten i Sverige.

12. Hon går på gympa en gång _____ veckan.

13. Daniel har inte träffat sina kusiner _____ många år.

14. Studenterna läste in tentan _____ ett par dagar.

15. Jag ska börja städa badrummet _____ en liten stund, lovade Daniel.

16. De slutade äta kött _____ flera år sedan.

17. Vad ska du göra _____ sommaren?

18. Daniel går till tandläkaren två gånger _____ året.

19. Glöm inte att betala räkningarna senast _____ torsdag, sa Åsa till Daniel.

20. _____ somras hade Beata ingen semester. Hon tog semester _____ oktober

   i stället.

 Kopiering av detta material är förbjuden enligt lag och gällande avtal!

Lucktext 4

Använd de här orden i luckorna!

Prepositioner, konjunktioner:

från	men	och	på	till

Verb:

anser	bli	förstår	kan	kokar
lagat	leva	låter	tänker	vara
vill	säger	äta		

Adverb, adjektiv, pronomen m.m.:

egentligen	stackars	inte	gott	synd
dessa	som	du	sina	mig
de	något			

Äter du kött?

– Nu är det slut! Jag tänker inte längre (1) _____ kött. Nu blir jag vegetarian. Det är för hemskt med (2) _____ långa djurtransporter. Och tänk på de (3) _____ kycklingarna! De kan knappast vända sig i (4) _____ burar. Och monstertjurarna (5) _____ nästan inte kan gå! Och

(6) _____ små kalvarna som man inte ger tillräckligt med mat så att de får blodbrist bara för att folk (7) _____ ha vitt kalvkött.

– Jaså, tänker du (8) _____ vegetarian eller vegan?

– Hm, vegan, tror jag. Vad är det (9) _____ för skillnad?

– Vegetarianerna äter fisk. Men jag (10) _____ inte varför. Själva ordet vegetarian (11) _____ ju att det är mat (12) _____ växtriket man ska äta. Men vegetarianerna (13) _____ kanske att fisk är en grönsak.

– Då (14) _____ jag bli vegetarian. Fisk och skaldjur är

(15) _____.

– Men tänk (16) _____ fiskarna som kvävs till döds (17) _____

skaldjuren som man (18) _____ levande.

– Jag måste ju få i (19) _____ proteiner och annan näring på

(20) _____ sätt.

– Då kan (21) _____ äta sojabönor.

– Sojabönor! Det (22) _____ jättetråkigt. Det kan väl

(23) _____ vara gott.

– Det finns i form av (24) _____ exempel biff och korv för folk som inte kan

(25) _____ utan "kött". Så (26) _____ att du har slutat äta kött! Jag

har (27) _____ köttbullar till middag och nu måste jag äta dem själv. Men du

(28) _____ ju äta potatis och sallad.

– Äsch, man ska inte (29) _____ så fanatisk. Jag kan äta köttbullar i dag

(30) _____ sedan ska jag köpa sojabiffar någon dag.

 Kopiering av detta material är förbjuden enligt lag och gällande avtal!

Satsadverb i bisats § 2 b, 3

Skriv satsadverbet på rätt plats i den markerade satsen!

verkligen

verkligen   Exempel: Menar du *att du vill sitta bland rökarna?*

säkert   1. Hon sa *att 1700-talsklänningen var svår att tvätta.*

vanligen   2. Det verkar *som om många duschar två gånger om dagen.*

sällan   3. Jag undrar *varför man ser någon* som röker på film.

inte   4. Det är väl bra *att man får röka på arbetsplatserna?*

faktiskt   5. Ickerökarna protesterar mot *att de utsätts för passiv rökning.*

alltid   6. Du vet väl *att jag har förknippat vitlök med god mat?*

absolut inte   7. Man måste tänka på *att man stör sin omgivning.*

äntligen   8. Det dröjde inte länge *förrän man kunde få tag i kaffe.*

troligen   9. Man har funnit två dryckeshorn *som har innehållit öl.*

fortfarande   10. Det är tur *att vi kan njuta av en kopp choklad.*

nog   11. En del forskare anser *att allergier kan bero på* att vi är för rena.

egentligen   12. Det ansågs en gång *att öl var barbariskt.*

förmodligen   13. Vissa forskare påstod *att rökning stimulerade tankeverksamheten.*

faktiskt   14. Det lär finnas städer *där man har totalförbjudit rökning.*

snart   15. Tror du verkligen *att tobaksreklam är borta helt?*

Ordföljd § 2 a, 2 b, 3

Skriv orden i rätt ordning! Börja med det första ordet!

1. Insändaren verkligen veta vill **vem** är det på fel egentligen

   _____

   _____

2. Lever verkligen man längre **om** ett man om vin dagen dricker glas ?

   _____

   _____

3. Öl en dryck mycket vara gammal verkar **eftersom** funnit ett nämligen 4000

   recept i gammalt Mesopotamien arkeologerna har år

   _____

   _____

4. Det många är ganska faktiskt **som** har inte barndomen druckit sedan choklad

   _____

   _____

5. Idag många nog fler tänker på **vilken** är som egentligen mat nyttigast

   _____

   _____

Kopiering av detta material är förbjuden enligt lag och gällande avtal!

6. Ungdomar gärna länder äter mat från andra **medan** husmanskost många svensk

   äter gamla hellre

   _____

   _____

7. Var i Venedig den egentligen första Europa staden **där** drack kaffe man ?

   _____

   _____

8. Jag faktiskt vilja också någonting veta skulle om **varifrån** kommer gamla te tradi-

   tionen dricka den att

   _____

   _____

9. Vet förresten du **varför** slutet markant cigarettkonsumtionen 1800-talet ökade i av ?

   _____

   _____

10. Många inte vill husdjur ha **fastän** sig mindre säkert känna skulle ensamma då de

    _____

    _____

Sammansatta ord

Vad blir det för ord?
Bilda nio sammansatta ord genom att kombinera ord i den vänstra spalten
med ord i den högra.

mat	storm
vete	förpackning
kilo	industri
soja	pris
höst	bulle
te	biff
skratt	avfall
mjölk	påse
turist	kurs

Försök bilda egna sammansättningar med orden ovan!

_____

_____

_____

_____

Kopiering av detta material är förbjuden enligt lag och gällande avtal!

Skriv rätt preposition!

1. Stenmark *tävlade* _____ Sverige.

2. Vad är *anledningen* _____ att du kommer för sent?

3. Om man inte har pengar kan man *köpa* bil _____ *avbetalning*.

4. Det är viktigt att man _____ *början* lär sig att uttala orden bra.

5. Förr åkte jag buss, men *nu* _____ *tiden* cyklar jag alltid till jobbet.

6. Sverige är ganska stort till ytan *jämfört* _____ andra europeiska länder.

7. Många blev utan elektricitet _____ *samband* _____ snöovädret.

8. Affären är stängd _____ *grund* _____ brand.

9. Vad *beror* det _____ att du kommer för sent?

10. Nu ska jag lägga mig på sängen och *njuta* _____ min nya cd-skiva.

Skriv rätt partikel!

1. Kom och *hälsa* _____ mig när du är i Göteborg!

2. Jag har inte tid att se programmet nu. Vi kan *spela* _____ det och se det senare.

3. Jag ska *sätta* _____ en del av pengarna jag vann *på banken*.

4. Du måste *hänga* _____ dina kläder om de är våta.

5. Det skulle aldrig *falla mig* _____ att spela för mer än 100 kronor i veckan.

6. Jag glömde att *lägga* _____ böckerna i väskan.

7. Jag *hör* _____ mig i kväll.

8. Hur ska man göra för att *komma* _____ alla nya ord?

9. Du måste *skölja* _____ mjölkkartongerna innan du kastar dem.

10. Hon hade bantat 30 kilo så vi *kände* inte _____ henne.

Kopiering av detta material är förbjuden enligt lag och gällande avtal!

Lite av varje 10

A. Kombinera en sats från den första gruppen (1–6) med en sats från den andra (A-F)!

1. Det finns visserligen många vegetarianer i dag
2. Det var inte bara fattiga
3. Du förstår inte allt i texten nu
4. Jag lade inte märke till
5. Det skulle inte falla mig in
6. Jag tror att miljön inom en snar framtid

A. utan också många äventyrare som åkte till Amerika.
B. att städa mer än en gång i veckan.
C. kommer att bli mycket bättre.
D. men det blir nog ännu fler om några år.
E. att du hade klippt dig.
F. men så småningom kommer det att bli lättare.

B. Försök att hitta ord som passar till följande förklaringar!

1. ovanlig, som man sällan ser _____

2. igen _____

3. på riktigt, verkligen _____

4. till största delen _____

5. miljö, det/de som finns omkring oss _____

C. Skriv meningar med följande ord!

1. det ansågs _____

2. ju ... desto _____

3. förr i tiden _____

4. tack vare _____

5. helst _____

 Kopiering av detta material är förbjuden enligt lag och gällande avtal!

Grammatisk översikt

Denna översikt innehåller en kortfattad och förenklad presentation av den grammatik som förekommer i läro- och övningsboken. För fördjupade studier hänvisas till olika grammatikböcker.

SCHEMAN

Verb

Grupp	Imperativ/Stam	Infinitiv	Presens	Preteritum/ Imperfekt	Supinum
1	**börja**	börja	börjar	började	börjat
2A	**häng**	hänga	hänger	hängde	hängt
2B	**tyck**	tycka	tycker	tyckte	tyckt
2C	**lär**	lära	lär	lärde	lärt
3	**klä**	klä	klär	klädde	klätt
4	**stig**	stiga	stiger	steg	stigit
	spring	springa	springer	sprang	sprungit
	frys	frysa	fryser	frös	frusit
	bjud	bjuda	bjuder	bjöd	bjudit
Oregelb.	**vet**	veta	**vet**	**visste**	**vetat**

Tempus

Nu-planet	Före nu	NU	Efter nu
	Perfekt	Presens	Presens
			ska + infinitiv
			tänker + infinitiv
			kommer att + infinitiv

Exempel:
Jag **har arbetat** mycket idag och jag **är** mycket trött nu så jag **tänker lägga** mig tidigt i kväll.

Då-planet	Före då	DÅ	Efter då
	Pluskvamperfekt	Preteritum	skulle + infinitiv
			tänkte + infinitiv

Exempel:
När jag **hade hyrt** en videofilm **ringde** Johan och **undrade** om vi **skulle gå** på bio på kvällen.

 Kopiering av detta material är förbjuden enligt lag och gällande avtal!

Substantiv

	Obest. sing.	Best. sing.	Obest.plur.	Best. plur.	
1.	en väska	väskan	väskor	väskorna	en-ord som slutar på -a
2.	en bil	bilen	bilar	bilarna	många en-ord som är enstaviga
	en bulle	bullen	bullar	bullarna	många en-ord som slutar på -e, -el, -en, -er
	en tidning	tidningen	tidningar	tidningarna	en-ord som slutar på -ing, -dom
3.	en gardin	gardinen	gardiner	gardinerna	en-ord ofta lånord, slutbetoning
	en hand	handen	händer	händerna	många en-ord har omljud
	en lägenhet	lägenheten	lägenheter	lägenheterna	en-ord som slutar på -nad, -skap, -är, -het -else, -ion
	ett kafé	kaféet	kaféer	kaféerna	ett-ord som slutar på betonad vokal
	ett vin	vinet	viner	vinerna	ett-ord, ofta lånord
4.	ett foto	fotot	foton	fotona	ett-ord som slutar på obetonad vokal
5a.	ett språk	språket	språk	språken	ett-ord som slutar på konsonant
5b.	en läkare	läkaren	läkare	läkarna	en-ord som slutar på -are, -er, -ande, -ende

Adjektiv

En-ord	Ett-ord	Plural	Bestämd form singular och plural
gul	gult	gula	gula
ny	nytt	nya	nya
kort	kort	korta	korta
hård	hårt	hårda	hårda
röd	rött	röda	röda
vacker	vackert	vackra	vackra
enkel	enkelt	enkla	enkla
gammal	gammalt	gamla	gamla
mogen	moget	mogna	mogna
bra	bra	bra	bra
liten	litet	små	lilla (sing) /små (plur)

Adjektivets komparation

Positiv	Komparativ	Superlativ	Superlativ bestämd form
söt	sötare	sötast	sötaste
vacker	vackrare	vackrast	vackraste
enkel	enklare	enklast	enklaste
mogen	mognare	mognast	mognaste

Kopiering av detta material är förbjuden enligt lag och gällande avtal!

hög	högre	högst	högsta
stor	större	störst	största
grov	grövre	grövst	grövsta
lång	längre	längst	längsta
låg	lägre	lägst	lägsta
trång	trängre	trängst	trängsta
få	färre	–	–
ung	yngre	yngst	yngsta
tung	tyngre	tyngst	tyngsta
gammal	äldre	äldst	äldsta
liten	mindre	minst	minsta
bra	bättre	bäst	bästa
dålig	sämre	sämst	sämsta
god	bättre	bäst	bästa
	godare	godast	godaste

Rumsadverb

Vart ...?	Var ...?	Varifrån ...?
in	inne	inifrån
hit	här	härifrån
dit	där	därifrån
hem	hemma	hemifrån
bort	borta	bortifrån
upp	uppe	uppifrån
ner	nere	nerifrån
ned	nere	nedifrån
fram	framme	framifrån

Personliga pronomen

Subjektsform	Objektsform	Reflexiv form
jag	mig	mig
du	dig	dig
han	honom	sig
hon	henne	sig
den	den	sig
det	det	sig
vi	oss	oss
ni	er	er
de	dem	sig

 Kopiering av detta material är förbjuden enligt lag och gällande avtal!

Possessiva pronomen

	En-ord	Ett-ord	Plural	Reflexivt possessiva		
(jag)	min	mitt	mina	min	mitt	mina
(du)	din	ditt	dina	din	ditt	dina
(han)	hans	hans	hans	*sin*	*sitt*	*sina*
(hon)	hennes	hennes	hennes	*sin*	*sitt*	*sina*
(den/det)	dess	dess	dess	*sin*	*sitt*	*sina*
(vi)	vår	vårt	våra	vår	vårt	våra
(ni)	er	ert	era	er	ert	era
(de)	deras	deras	deras	*sin*	*sitt*	*sina*

Ordföljd i huvudsats

X/S	Plats 2 V1	S	SA	V2	Annat	Objekt	A (Plats)	A (Tid)
Jag	läser	–	alltid	–	–	tidningen	i sängen	på morgonen.
Jag	vill	–	alltid	läsa	–	tidningen	i sängen	på morgonen.
På morgonen	vill	jag	alltid	läsa	–	tidningen	i sängen.	
–	Läser	du	alltid	–	–	tidningen	i sängen	på morgonen?
–	Vill	du	alltid	läsa	–	tidningen	i sängen?	
–	Läs	–	inte	–	–	tidningen	i sängen!	
Tidningen	är	–	–	–	gammal.			
Han	har	–	inte	stigit	upp.			

Ordföljd i bisats

Huvudsats	Bisats-inledare	S	SA	VI	V2	Objekt	A (plats)	A (tid)	Huvudsats
Vi kan äta ute	om	du	inte	vill	laga	middag	hemma	i kväll.	
	Om	du	inte	vill	laga	middag	hemma	i kväll	kan vi äta ute.

X = annat ord än subjekt, S = subjekt, V = verb, SA = satsadverb, A = adverb (plats, tid)

Det här avsnittet tar upp den grammatik som finns i läroboken och i övningarna. De paragrafer som nämns där refererar till motsvarande paragrafer här i grammatikdelen.

§ 1 Rumsadverb

Det finns två typer av rumsadverb, de som anger riktning och de som anger befintlighet.

Riktning

Som svar på frågan "Vart ...?" använder vi bl.a. följande rumsadverb:

in – ut
hit – dit
hem – bort
upp – ner
fram

De används ofta tillsammans med verb som: gå, komma, springa, åka, cykla, köra.

> **Vart** ska du gå? Jag ska gå **ut**.
> Jag kom **hem** sent i går kväll.
> Vi tänker cykla **dit** i morgon.
> Kom **hit**! Jag vill prata med dig.

Befintlighet

Som svar på frågan "Var ...?" använder vi bl.a. följande rumsadverb:

inne – ute
här – där
hemma – borta
uppe – nere
framme

De används ofta tillsammans med verb som: stå, vara, bo, ligga, sitta.

> **Var** står cykeln? Den står **nere** i källaren.
> Jag var **hemma** hos Agneta i söndags.
> Boken ligger **där** på bordet.
> Vi har bott **här** i två år nu.

 Kopiering av detta material är förbjuden enligt lag och gällande avtal!

§ 2 a Ordföljd i huvudsats

En huvudsats består av minst ett subjekt och ett verb. Den kan stå ensamt och utgöra en mening.

En huvudsats kan vara:

– ett påstående   Han tittar på TV.

– en fråga   Tittar han på TV?

– en uppmaning   Titta på TV!

– ett utrop   Leve brudparet!

I en huvudsats som är ett påstående och i en frågesats som inleds med frågeord står det första verbet alltid på plats 2.

I en ja/nej-fråga eller en uppmaning är plats 1 tom.

Satsadverbet står efter första verbet om satsen börjar med subjektet och efter subjektet om satsen börjar med något annat.

> Han **kommer alltid** för sent till skolan på morgonen.
> Han **vill inte** komma för sent till skolan.
> På lördag **ska** hon **äntligen** prata med honom.
> De **ska faktiskt** gifta sig om en månad.
> Jag **har inte** läst ut boken.
> Om det regnar **kommer** jag **inte**.
> Varför **kommer** han **alltid** för sent till skolan på morgonen?
> **Kan** vi **inte** laga köttbullar i dag?
> **Cykla inte** på trottoaren!

§ 2 b Ordföljd i bisats

En bisats kan tillsammans med en huvudsats bilda en mening och blir då en del av huvudsatsen. Bisatsen står i regel inte ensam. Den inleds alltid med en *bisatsinledare* som kan vara en underordnad konjunktion, ett frågeord, ett relativt pronomen eller relativt adverb. Subjektet och satsadverbet kommer alltid före första verbet i en bisats.

> Hon undrade **om** jag inte ville dricka en kopp kaffe på det nya kaféet i morgon.
> Jag borstar tänderna **när** jag har ätit frukost.
> **När** jag har ätit frukost borstar jag tänderna.
> Han vill veta **var** posten ligger.
> Läraren frågar **varför** han alltid kommer för sent till skolan.

Det finns alltså tre ordföljdsalternativ i svenskan:

Huvudsats: $\boxed{S + V_1 + SA}$ $\boxed{V_1 + S + SA}$ Bisats: $\boxed{S + SA + V_1}$

§ 3 Satsadverb

Satsadverbet står efter det första verbet eller efter subjektet i huvudsats men alltid mellan subjektet och det första verbet i bisats.
Exempel på vanliga satsadverb:

absolut	aldrig	alltid	antagligen
bara	egentligen	faktiskt	fortfarande
förmodligen	förresten	förstås	gärna
inte	ju	kanske	nog
nämligen	ofta	oftast	också
redan	slutligen	snart	säkert
sällan	troligen	tyvärr	vanligen
verkligen	visst	väl	äntligen

Jag duschar **alltid** på morgonen.
På morgonen duschar jag **alltid**.
Han säger att han **alltid** duschar på morgonen.
Du måste **absolut** se den där filmen.
Den där filmen måste du **absolut** se.
Hon menar att jag **absolut** måste se den där filmen.

§ 4 Samordnande konjunktioner

Samordnande konjunktioner binder ihop två satser eller satsdelar av samma typ.

Hon ville inte gå till skolan **för** hon hade inte gjort läxan. (*huvudsats+huvudsats*)
Han säger att han älskar henne **men** att han inte vill gifta sig med henne. (*bisats+bisats*)
Du kan köpa äpplen **eller** päron. (*objekt+objekt*)
Daniel **och** Åsa ska flytta till en ny lägenhet. (*subjekt+subjekt*)

och*	Okej, du diskar **och** jag städar.
eller	Kommer de tillbaka i dag **eller** i morgon?
men	De ville göra en omelett **men** äggen var slut.
utan**	Jag dricker inte kaffe **utan** (jag dricker) te.
för	Hon vill köpa en ny telefon **för** den gamla är sönder.
så	Det fanns inga biljetter kvar **så** vi blev tvungna att gå hem igen.

* *samt* betyder *och*, används mest i uppräkningar i skriftspråk
** *utan* används i stället för *men* om det finns en negation och alternativen är "motsatser"

Konjunktionella adverb + samordnande konjunktion:

både ... och	Jag vill **både** ha kaffe **och** te. (*två alternativ*)
antingen ... eller	Jag vill **antingen** ha kaffe **eller** te. (*ett av två alternativ*)
varken ... eller	Jag vill **varken** ha kaffe **eller** te. (*inget alternativ*)

§ 5 Underordnande konjunktioner

Underordnande konjunktioner inleder bisatser:

att	Han säger **att** han måste arbeta i morgon.
om/ifall	Ring mig **om** du kommer tidigare.
när/då	Han var mycket söt **när** han var liten.
innan	Kan du städa **innan** vi går på bio?
(inte) ... förrän	Jag pratar inte med dig **förrän** du har bett om förlåtelse.
tills	De tittade på TV **tills** klockan var halv tre.
medan	Jag sjunger alltid **medan** jag duschar.
sedan	Jag har nästan inte sovit **sedan** jag kom hem från konferensen.
när/sedan/då	**När** jag har ätit, diskar jag.
eftersom	**Eftersom** jag var sjuk stannade jag hemma från jobbet.
därför att*	Jag stannade hemma från jobbet **därför att** jag var sjuk.
fastän/trots att	Han klarade inte tentan **fastän** han hade studerat mycket.
även om	Jag skulle inte sluta jobba **även om** jag vann en miljon.
så att	Hon talade högt **så att** alla kunde höra.
	Hon talade **så** högt **att** alla kunde höra.
för att**	Han läste mycket **för att** kunna klara tentan.
genom att**	Han klarade provet **genom att** studera mycket.
utan att**	Han klarade provet **utan att** studera mycket.
än	Vintern har varit kallare i år **än** (den var) i fjol.
som	Jag vill göra **som** du gör.
ju ... desto	**Ju** mer du äter **desto** tjockare blir du.

* *därför att* kan inte inleda en mening

** *för att*, *genom att* och *utan att* följs ofta av infinitiv.

I bisats kan man utelämna *har* och *hade* i perfekt och pluskvamperfekt:

> Vi ska gå på restaurang **när** vi (har) **varit** på bio.
> Jag lagade mat **när** jag (hade) **kommit** hem.

Kopiering av detta material är förbjuden enligt lag och gällande avtal!

§ 6 a Ingen – inte någon (indefinita pronomen)

ingen	inte någon
inget	inte något
inga	inte några
ingenting	inte någonting
ingenstans	inte någonstans

använder man
– som subjekt i huvudsats
  och bisats
– som objekt i huvudsats
  med ett verb

använder man
– som objekt i huvudsats med
  flera verb
– som objekt i bisats
– tillsammans med partikelverb

Ingen vill tala med mig.	Han säger att **ingen** vill tala med honom.
Han har **inga pengar**.	Han vill **inte** ha **några pengar**.
Jag sa **ingenting**.	Jag har **inte** sagt **någonting**.
Vi var **ingenstans** på semestern.	Vi har **inte** varit **någonstans** på semestern.
Hon köpte **inga nya jeans**.	Hon sa att hon **inte** köpte **några nya jeans**.
	Hon tog **inte** ut **några pengar**.

§ 6 b Vem – vem som (interrogativa pronomen)

När *vem, vems, vad, vilken, vilket* eller *vilka* står som subjekt i bisats måste dessa ord följas av *som*.

Vem är i skolan i dag?	Hon undrar **vem som** är i skolan i dag.
Vems bil står där borta?	De frågar **vems bil som** står där borta.
Vilken film visas på TV?	Han vill veta **vilken film som** visas på TV.
Vilket berg är högst?	De frågade **vilket berg som** var högst.
Vad ligger på bordet?	Han undrar **vad som** ligger på bordet.

Kopiering av detta material är förbjuden enligt lag och gällande avtal!

§ 7 Tempusharmoni

Det finns två tidsplan i svenskan, då-planet och nu-planet. Man brukar inte blanda tempusformer från de båda tidsplanen i samma mening eller stycke.
Man använder *antingen*:

presens
perfekt
ska + infinitiv
annat hjälpverb i presens + infinitiv

eller

preteritum
pluskvamperfekt
skulle + infinitiv
annat hjälpverb i preteritum + infinitiv

Hon **säger** att hon **vet** var han **bor**.	Hon **sa** att hon **visste** var han **bodde**.
Han **vill veta** om hon **har ringt**.	Han **ville veta** om hon **hade ringt**.
Jag **diskar** när jag **har ätit**.	Jag **diskade** när **jag hade ätit**.
Vi **undrar** om de inte **ska komma**.	Vi **undrade** om de inte **skulle komma**.

§ 8 Adjektivets komparation

De flesta adjektiv har regelbunden komparation:

Positiv	Komparativ	Superlativ	Superlativ bestämd form
söt	söt**are**	söt**ast**	söt**aste**

Adjektiv som slutar på -*er*, -*el* och -*en* förlorar -e- vid komparation:

vacker	vackr**are**	vackr**ast**	vackr**aste**
enkel	enkl**are**	enkl**ast**	enkl**aste**
mogen	mogn**are**	mogn**ast**	mogn**aste**

Några vanliga adjektiv med speciella komparationsformer:

hög	hög**re**	hög**st**	hög**sta**
stor	stör**re**	stör**st**	stör**sta**
grov	gröv**re**	gröv**st**	gröv**sta**
lång	läng**re**	läng**st**	läng**sta**
låg	läg**re**	läg**st**	läg**sta**
trång	träng**re**	träng**st**	träng**sta**
få	fär**re**	fär**st** (ovanlig form)	fär**sta** (ovanlig form)
ung	yng**re**	yng**st**	yng**sta**
tung	tyng**re**	tyng**st**	tyng**sta**

Kopiering av detta material är förbjuden enligt lag och gällande avtal!

gammal	äldre	äldst	äldsta
liten	mindre	minst	minsta
bra	bättre	bäst	bästa
dålig*	sämre	sämst	sämsta
god	bättre	bäst	bästa
	godare**	godast	godaste

* Om hälsotillstånd eller moral kan man även använda formerna dåligare, dåligast, dåligaste.

** Om smak och lukt kan man även använda formerna godare, godast, godaste.

Adjektiv som slutar på **-isk** och adjektiv som är bildade av ett verb och slutar på t.ex. **-d, -t, -ande** och **-ende** komparerar man med **mer** och **mest**.

dramatisk	**mer** dramatisk	**mest** dramatisk	(den/det/de/hans) **mest** dramatiska
intresserad	**mer** intresserad	**mest** intresserad	(den/det/de/hans) **mest** intresserade
känd	**mer** känd	**mest** känd	(den/det/de/hans) **mest** kända
läst	**mer** läst	**mest** läst	(den/det/de/hans) **mest** lästa
spännande	**mer** spännande	**mest** spännande	(den/det/de/hans) **mest** spännande

Bestämd form av superlativ använder man efter t.ex. *den, det, de, possessiva pronomen, genitiv* (se också § 9):

den vackraste dagen
det största staden
de mest fantastiska filmerna
den mest spännande resan
hennes bästa bok
hans snyggaste byxor
världens mest kända byggnad

Några andra vanliga ord som man brukar komparera:

gärna	hellre	helst	–
illa	värre	värst	värsta
lite	mindre	minst	minsta
mycket	mer/mera	mest	mesta
många	fler/flera	flest	flesta
nära	närmare	närmast	närmaste

Kopiering av detta material är förbjuden enligt lag och gällande avtal!

§ 9 Adjektivets och substantivets former

Adjektiv och substantiv har bestämd form efter följande ord:

den/det/de	Hon ville absolut se **den tråkiga filmen.**
den här/det här/de här	**Den här tjocka boken** har jag läst tre gånger.
den där/det där/de där	Jag skulle vilja ha **den där röda ballongen.**
förra	**Förra veckan** var jag i Stockholm.
hela	Han har städat **hela lägenheten** nu.
halva	Jag har ätit **halva smörgåsen.**

Adjektiv har bestämd form och substantivet obestämd form efter följande ord:

possessiva pronomen	**Min bästa kompis** heter Magdalena.
genitiv	Daniel älskar **mammas goda köttbullar**.
denna/detta/dessa	Hon har läst **denna tjocka bok** tre gånger.
nästa	Se **nästa spännande avsnitt** av tv-serien nästa vecka!
följande	**Följande utländska studenter** ska bo tillsammans.
samma	Jag har lyssnat på **samma intressanta föredrag**.

Observera!

Substantivet har obestämd form om det kommer efter **den, det, de** och följs av **som**:

Johannes vill köpa **den finaste motorcykel som** finns.

Den kille, som står där borta, var min klasskamrat i grundskolan.

men: **Killen, som** står där borta, var min klasskamrat i grundskolan.

De nya bilar, som fanns på utställningen, var mycket dyra.

men: **Bilarna, som** fanns på utställningen, var mycket dyra.

§ 10 Perfekt particip

Perfekt particip använder man ofta som adjektiv och som passiv form tillsammans med *vara* och *bli*. Man bildar perfekt particip genom att utgå från verbets supinumform.

Grupp	Supinum	ett	en	Plural och bestämd form
1.	gipsat	gipsat	gipsa**d**	gipsa**de**
2. a	känt	känt	kän**d**	kän**da**
b	läst	läst	läst	läs**ta**
c	hyrt	hyrt	hyr**d**	hyr**da**
3.	klätt	klätt	klä**dd**	klä**dda**
4.	brut**it**	brut**et**	bruten	brut**na**
	skilt	skilt	skil**d**	skil**da**

Åsa har ett **gipsat** ben.
De såg två **kända** skådespelare på stan.
I väntrummet fanns det många väl **lästa** tidningar.
På festen hade han en **hyrd** frack.
Hon kom till festen **klädd** i snygga kläder.
Efter stormen låg det en massa **brutna** grenar på marken.
Hon talade länge med en **skild** man.

Om verbet har partikel sätts den alltid före participet och skrivs ihop med verbet:

gipsa om – omgipsad
läsa ut – utläst
hyra ut – uthyrd
sy om – omsydd
bryta av – avbruten
klä på – påklädd

Hon har **läst ut** boken. Boken är **utläst**.
De har **hyrt ut** stugan över sommaren. Stugan är **uthyrd** över sommaren.

Man kan även ha andra ord än en partikel före participet.
Exempel: nyköpt, handgjord, hembakad, blåslagen, obebodd, omålad

Åsa hade sin **nyköpta** klänning på festen.
Skorna är **handgjorda**.
Bullarna är **hembakade.**

Kopiering av detta material är förbjuden enligt lag och gällande avtal!

§ 11 S-passiv

Passiv konstruktion använder man ofta när man inte vet vem som utför handlingen eller när det är ointressant. Man använder ofta passiv form i t.ex. matrecept, bruks-anvisningar, instruktioner och nyhetstexter. Passiv bildar man genom att lägga till ett -s till den aktiva formen av verbet (man kan även använda perf. particip, se §10).

Grupp	Infinitiv	Presens	Preteritum/ Imperfekt	Supinum
1.	spelas	spelas	spelades	spelats
2.	hängas	hängs	hängdes	hängts
3.	sys	sys	syddes	sytts
4.	drickas	dricks	dracks	druckits
	ätas	äts	åts	ätits

I presens tar man bort -r eller -er innan man lägger till -s.
Om verbets stam slutar på -s i presens tar man bara bort -r, läs**es**.

Objektet i den aktiva satsen blir subjekt i den passiva.

> Pappa lagar maten. *(aktiv)*
> Maten **lagas av** pappa. *(passiv)*
> Astrid Lindgren har skrivit Pippi Långstrump. *(aktiv)*
> Pippi Långstrump **har skrivits av** Astrid Lindgren. *(passiv)*

När *man, någon* är subjekt i den aktiva satsen tar man bort det i den passiva satsen.

> Man ska höja bensinpriset igen. *(aktiv)*
> Bensinpriset **ska höjas** igen. *(passiv)*
> Man hackar löken fint. *(aktiv)*
> Löken **hackas** fint. *(passiv)*

Det är också vanligt att använda *det + passiv form. Det* betyder då *man, någon, de.*

> **Det äts** ofta kräftor i augusti. (Man äter ofta kräftor i augusti.)
> **Det sägs** att maten är dyr i Sverige. (Man/De säger att maten är dyr i Sverige.)
> **Det spelas** mycket fotboll på somrarna. (Man/De spelar mycket fotboll på somrarna.)

Andra s-former

Om man lägger till **-s** på vissa verb kan de få reciprok betydelse. Vid dessa verb betyder -s 'varandra' och subjektet måste alltså stå i plural.

> **Vi ses** i morgon.   **De träffades** aldrig igen.   **Vi hörs.**

Kopiering av detta material är förbjuden enligt lag och gällande avtal!

En tredje kategori s-verb är så kallade *deponens*. Dessa verb slutar alltid på -*s*, men har aktiv betydelse.

Exempel: andas, finnas, fattas, hoppas, trivas, lyckas

§ 12 Intransitiva och transitiva verb

Intransitiva verb kan inte ha objekt. Det är verb som *stå, sitta, ligga, vakna, brinna* och *sjunka*.

> Jag **sitter** i soffan. Boken **ligger** på golvet.

Transitiva verb har alltid objekt och beskriver en händelse eller en förändring. Det är verb som *ställa, sätta, lägga, väcka, bränna* och *sänka*.

> Jag **sätter mig** på golvet och **lägger boken** på bordet.

Man kan säga att det transitiva verbet beskriver en aktivitet. Den leder till resultatet som det intransitiva verbet beskriver.

> Jag **sätter mig**. *(aktivitet)*
> Jag **sitter** nu. *(resultat)*

§ 13 Possessiva pronomen

	En-ord	Ett-ord	Plural	Reflexivt possessiva		
(jag)	min	mitt	mina	min	mitt	mina
(du)	din	ditt	dina	din	ditt	dina
(han)	hans	hans	hans	*sin*	*sitt*	*sina*
(hon)	hennes	hennes	hennes	*sin*	*sitt*	*sina*
(den/det)	dess	dess	dess	*sin*	*sitt*	*sina*
(vi)	vår	vårt	våra	vår	vårt	våra
(ni)	er	ert	era	er	ert	era
(de)	deras	deras	deras	*sin*	*sitt*	*sina*

Hans, hennes och *deras* använder man som subjekt eller objekt.

> **Hans bil** är sönder.
> Många läste **hennes böcker**.
> Daniel pratar med Tobias och **hans flickvän**. (Tobias flickvän)

Kopiering av detta material är förbjuden enligt lag och gällande avtal!

Sin, sitt och *sina* använder man som objekt när det syftar på subjektet.

De talar ofta om **sina barn.**
Anita ska åka på semester med **sina barn.**

Sin, sitt eller *sina* kan aldrig vara en del av subjektet.

Anita och hennes barn ska åka på semester. *(subjekt)*

Pronomenet *man* används ofta i svenskan. För att lättare lära sig formerna för *man* kan man jämföra dem med formerna för andra personliga pronomen som *han* eller *hon*:

subjektsform: han/hon   man
objektsform: honom/henne   en
genitiv/possessiv form: hans/hennes   ens
                        sin sitt sina   sin sitt sina

Man vill gärna att **ens vänner** skriver vykort till **en** från **sina** resor. Annars undrar **man** ju vad **man** har **sina** vänner till om de inte tänker på **en** när de är borta.

§ 14 Personliga pronomen

Subjektsform	Objektsform	Reflexiv form
jag	mig	mig
du	dig	dig
han	honom	sig
hon	henne	sig
den	den	sig
det	det	sig
vi	oss	oss
ni	er	er
de	dem	sig

Exempel på objektsform:

Jag pratade med **honom** i förrgår.
Vi skulle vilja bjuda **er** på middag på lördag.
Han köpte några serietidningar till **dem**.

Kopiering av detta material är förbjuden enligt lag och gällande avtal!

Reflexiva pronomen

Vissa verb är reflexiva och följs av ett reflexivt pronomen.

> Han **satte sig** i soffan.
> Du måste **klä** på **dig** nu.
> Han **bestämde sig** för att köpa den blå vinterrocken.

Några exempel på reflexiva verb:

bestämma sig	raka sig
gifta sig	resa sig
kamma sig	roa sig
klä sig	skilja sig
koncentrera sig	skynda sig
känna sig	ställa sig
lägga sig	sätta sig
lära sig	tvätta sig

§ 15 Konditionalis

Konditionalis 1: Om + preteritum, skulle + infinitiv

När man spekulerar om framtiden använder man ofta verbformen konditionalis 1. Då står verbet i preteritum i *om*-satsen och följs av *skulle* + infinitiv i huvudsatsen.

> **Om** jag **hade** pengar, **skulle** jag **resa** till Italien.

Konditionalis 2: Om + pluskvamperfekt, skulle + ha + supinum

När man talar om vad man kunde ha gjort tidigare, men inte gjorde, använder man konditionalis 2. Då använder man pluskvamperfekt i *om*-satsen och *skulle ha* + supinum i huvudsatsen.

> **Om** jag **hade haft** pengar i somras, **skulle** jag **ha åkt** till Italien.

Konditionalis används också i fasta artighetsfraser:

> Det skulle vara roligt om ni ville komma.
> Jag skulle vilja tala med Daniel Sandström.

Kopiering av detta material är förbjuden enligt lag och gällande avtal!

§ 16 Tidsprepositioner

A. Hur ofta ...?

i	om

i minuten   **om** dagen
   timmen   dygnet
   veckan   året
   månaden

Hur ofta borstar du tänderna? Två gånger **om dagen**.
Jag går på bio en gång **i veckan**.

B. Hur länge ...?

i	under	*ingen preposition*

Hur länge var du i Sverige? **I** tre veckor./**Under** tre veckor./Tre veckor.

Om det finns en negation använder man prepositionen **på**.

Jag har **inte** varit i Italien **på** åtta år.

C. När ... ? + förfluten tid

för (... sedan)	i + -s (-as)	i	på

När var du i Italien? **För** åtta år **sedan**.
Han **kom** hem **i** tisdag**s**.
Jag **hälsade** på dem **i** somr**as**/**i** jul**as**.
De **började** läsa filosofi **i** februari.
Utställda byxor **var** modernt **på** 70-talet.

D. När ...? + framtid

om	på	till	i

När åker du till Stockholm? **Om** fem dagar.
De **ska ha** fest **på** fredag.
Till sommaren vill de absolut gå en kurs i svenska.
Vad **ska** du **göra i** sommar?

E. Hur lång tid ...? (det tar att avsluta något)

på

Hur lång tid tog det att cykla till Malmö? Jag cyklade dit **på** en timme.
Hur lång tid tog det att läsa kompendiet? Jag läste ut det **på** en eftermiddag.
Jag städade hela lägenheten **på** tre timmar.

F. När ...? (brukar man göra något)

på / om

När brukar du duscha? **På** morgonen./**På** morgnarna.
Jag **brukar** vara i skärgården **på** semestern/**på** semestrarna.
Vi städar alltid **på** lördagarna/**om** lördagarna.

Svåra verb

Infinitiv	Presens	Preteritum/ Imperfekt	Supinum	Perfekt particip (en-ord)
be	ber	bad	bett	-bedd
binda	binder	band	bundit	bunden
bita	biter	bet	bitit	biten
bjuda	bjuder	bjöd	bjudit	bjuden
bli	blir	blev	blivit	-bliven
brinna	brinner	brann	brunnit	-brunnen
brista	brister	brast	brustit	brusten
bryta	bryter	bröt	brutit	bruten
bära	bär	bar	burit	buren
böra	bör	borde	bort	–
dra	drar	drog	dragit	dragen
dricka	dricker	drack	druckit	drucken
driva	driver	drev	drivit	driven
duga	duger	dög	dugt	–
dö	dör	dog	dött	–
dölja	döljer	dolde	dolt	dold
falla	faller	föll	fallit	fallen
fara	far	for	farit	faren
finna	finner	fann	funnit	funnen
finnas	finns	fanns	funnits	–
flyga	flyger	flög	flugit	-flugen
flyta	flyter	flöt	flutit	-fluten
frysa	fryser	frös	frusit	frusen
få	får	fick	fått	–
försvinna	försvinner	försvann	försvunnit	försvunnen
gc	ger	gav	gett/givit	given
glida	glider	gled	glidit	-gliden
glädja	gläd(j)er	gladde	glatt	–
gnida	gnider	gned	gnidit	gniden
gripa	griper	grep	gripit	gripen
gråta	gråter	grät	gråtit	-gråten
gå	går	gick	gått	gången
göra	gör	gjorde	gjort	gjord
ha	har	hade	haft	-havd
heta	heter	hette	hetat	–
hinna	hinner	hann	hunnit	-hunnen
hugga	hugger	högg	huggit	huggen

 Kopiering av detta material är förbjuden enligt lag och gällande avtal!

hålla	håller	höll	hållit	hållen
kliva	kliver	klev	klivit	-kliven
knyta	knyter	knöt	knutit	knuten
komma	kommer	kom	kommit	kommen
krypa	kryper	kröp	krupit	-krupen
kunna	kan	kunde	kunnat	–
le	ler	log	lett	–
lida	lider	led	lidit	liden
ligga	ligger	låg	legat	-legad
ljuga	ljuger	ljög	ljugit	-ljugen
lyda	lyder	lydde/löd	lytt	lydd
låta	låter	lät	låtit	-låten
lägga	lägger	la/lade	lagt	lagd
vara tvungen	måste	var tvungen/ måste	måst	–
niga	niger	neg	nigit	–
njuta	njuter	njöt	njutit	njuten
nysa	nyser	nös/nyste	nysit/nyst	–
pipa	piper	pep	pipit	–
rida	rider	red	ridit	riden
rinna	rinner	rann	runnit	runnen
riva	river	rev	rivit	riven
ryta	ryter	röt	rutit	ruten
se	ser	såg	sett	sedd
sitta	sitter	satt	suttit	-sutten
sjunga	sjunger	sjöng	sjungit	sjungen
sjunka	sjunker	sjönk	sjunkit	sjunken
ska (se *skola*)				
skilja	skiljer	skilde	skilt	skild
skina	skiner	sken	skinit	–
skjuta	skjuter	sköt	skjutit	skjuten
skola	ska(ll)	skulle	skolat	–
skrika	skriker	skrek	skrikit	-skriken
skriva	skriver	skrev	skrivit	skriven
skryta	skryter	skröt	skrutit	-skruten
skära	skär	skar	skurit	skuren
slippa	slipper	slapp	sluppit	-sluppen
slita	sliter	slet	slitit	sliten
slå	slår	slog	slagit	slagen
slåss	slåss	slogs	slagits	–
smyga	smyger	smög	smugit	-smugen

Kopiering av detta material är förbjuden enligt lag och gällande avtal!

117

smörja	smörjer	smorde	smort	smord
snyta	snyter	snöt	snutit	snuten
sova	sover	sov	sovit	–
spinna	spinner	spann	spunnit	spunnen
spricka	spricker	sprack	spruckit	sprucken
sprida	sprider	spred/spridde	spridit/spritt	spridd
springa	springer	sprang	sprungit	sprungen
sticka	sticker	stack	stuckit	stucken
stiga	stiger	steg	stigit	-stigen
stjäla	stjäl	stal	stulit	stulen
strida	strider	stred	stridit	-stridd
stryka	stryker	strök	strukit	struken
stå	står	stod	stått	-stådd
suga	suger	sög	sugit	sugen
supa	super	söp	supit	-supen
svida	svider	sved	svidit	–
svika	sviker	svek	svikit	sviken
svälja	sväljer	svalde	svalt	svald
svälta	svälter	svalt/svälte	svultit/svält	svulten
svära	svär	svor	svurit	svuren
säga	säger	sa/sade	sagt	sagd
sälja	säljer	sålde	sålt	såld
sätta	sätter	satte	satt	satt
ta	tar	tog	tagit	tagen
tiga	tiger	teg	tigit	-tegen
tvinga	tvingar	tvingade/tvang	tvingat/tvungit	tvingad/tvungen
töras	törs	tordes	torts	–
vara	är	var	varit	–
veta	vet	visste	vetat	–
vika	viker	vek	vikit/vikt	viken/vikt
vilja	vill	ville	velat	–
vinna	vinner	vann	vunnit	vunnen
vrida	vrider	vred	vridit	vriden
välja	väljer	valde	valt	vald
vänja	vänjer	vande	vant	vand
växa	växer	växte	växt/vuxit	vuxen
äta	äter	åt	ätit	äten

 Kopiering av detta material är förbjuden enligt lag och gällande avtal!